TRAVEL WISE

CROATIAN

Dušan Vitas

BARRON'S

Photo Credits
Bildarchiv Leonore Ander, Munich: 27, 79; IfA, Stuttgart: 23, 104, 111, 126, 169;
Mairs Geographischer Verlag, Ostfildern: 62/63; Mauritius, Stuttgart: (Torino) 46,
(Freeman) 143, (HCM) 155; G. and R. Reinboth, Stuttgart: 84, 95, 100, 105, 106,
114; W. Rudolph, Munich: 121; J. Schönauer, Asperg: 37, 67, 97, 119, 124; M.
Sucha, Frankfurt: 11; Turistički Savez Hrvatske, Zagreb: 65; D. Vitas, Zagreb: 149

All inquiries should be addressed to:
Barron's Educational Series, Inc.
250 Wireless Boulevard
Hauppauge, NY 11788
http://www.barronseduc.com

Library of Congress Catalog Card No. 97-48407

International Standard Book No. 0-7641-0369-5 (book)
                              0-7641-7093-7 (package)

Library of Congress Cataloging-in-Publication Data

Reisewörterbuch Kroatisch
Travelwise Croatian / adapted by Dušan Vitas ;
[English version translated and edited by Kathleen Luft].
p.   cm.
ISBN 0-7641-0369-5 (book). — ISBN 0-7641-7093-7 (book/cassette pkg.)
1. Serbo-Croatian language — Conversation and phrase books — English.
I. Vitas, Dušan.   II. Luft, Kathleen.   III. Title.
PG1239.R39   1998
491.8'283421 — DC21   97-48407
                                                         CIP

Printed in Hong Kong
987654321

Contents

Preface 6
Pronunciation 7
Abbreviations 10

1 The Essentials 11
Frequently Used Expressions 12
Numerals/Measures/Weights 13
Expressions of Time 16
  Telling Time 16 *Other Expressions of Time* 17
  Days of the Week 18 *Months of the Year* 18
  Seasons 19 · *Holidays* 19 *The Date* 20
Weather 20
  Word List: Weather 21 *Word List: Colors* 22

2 Making Contact 23
Saying Hello/Introductions/Getting Acquainted 24
Traveling Alone/Making a Date 25
A Visit 26
Saying Good-bye 28
Asking a Favor/Expressing Thanks 28
Apologies/Regrets 29
Congratulations/Best Wishes 29
Language Difficulties 30
Expressing Opinions 31
Personal Information 31
  Age 31 *Professions/Education/Training* 32
  Word List: Professions/Education/Training 32

3 On the Go 37
Giving Directions 38
Car/Motorcycle/Bicycle 38
  Information 38 *At the Service Station* 39 *Parking* 41
  Car Trouble 41 *At the Auto Repair Shop* 42
  A Traffic Accident 43 *Car/Motorcycle/Bicycle Rental* 44
  Word List: Car/Motorcycle/Bicycle 45
Airplane 50
  At the Travel Agency/At the Airport 50 *On Board* 51
  Arrival 51 *Word List: Airplane* 51
Train 53
  At the Travel Agency/At the Railroad Station 53
  On the Train 54 *Word List: Train* 55
Ship 57
  Information 57 *On Board* 57 *Word List: Ship* 58
At the Border 59
  Passport Check 59 *Customs* 60
  Word List: At the Border 60
Local Transportation 61
Taxi 64
On Foot 64
  Word List: On the Go in Town 65

4 **Accommodations** 67
Information 68
Hotel/Guest House/Bed and Breakfast 72
At the Reception Desk 68 Talking to the Hotel Staff 70
Complaints 71 Departure 72
Word List: Hotel/Guest House/Bed and Breakfast 73
Vacation Rentals: Houses/Apartments 75
Word List: Vacation Rentals: Houses/Apartments 75
Camping 76
Youth Hostel 77
Word List: Camping/Youth Hostel 77

5 **Eating and Drinking** 79
Eating Out 80
At the Restaurant 80
Ordering 81
Complaints 82
The Check 83
As a Dinner Guest 83
Word List: Eating and Drinking 84
Menu/List of Beverages .... 88 / 93

6 **Culture and Nature** 95
At the Visitor's/Tourist Information Office 96
Places of Interest/Museums 96
Word List: Places of Interest/Museums 97
Excursions 104
Word List: Excursions 105
Events/Entertainment 107
Theater/Concert/Movies 107
Word List: Theater/Concert/Movies 107
Bar/Discotheque/Nightclub 109
Word List: Bar/Discotheque/Nightclub 110

7 **On the Beach/Sports** 111
At the Swimming Pool/On the Beach 112
Sports 113
Word List: Beach/Sports 114

8 **Shopping/Stores** 119
Questions/Prices 120
Word List: Stores 121
Groceries 123
Word List: Groceries 123
Drugstore Items 129
Word List: Drugstore Items 129
Tobacco Products 131
Clothing/Leather Goods/Dry Cleaning 131
Word List: Clothing/Leather Goods/Dry Cleaning 132

Books and Stationery 135
   Word List: Books and Stationery 135
Housewares 136
   Word List: Housewares 136
Electrical Goods and Photographic Supplies 137
   Word List: Electrical Goods and Photographic Supplies 138
At the Optician 139
At the Watchmaker/Jeweler 139
   Word List: Watchmaker/Jeweler 140
At the Hairdresser/Barber 140
   Word List: Hairdresser/Barber 141

9 Services 143
Money Matters 144
   Word List: Money Matters 145
At the Post Office 146
   Held Mail 147   *Telegrams/Faxes* 147
   Word List: Post Office 148
Telephoning 149
   Word List: Telephoning 151
At the Police Station 152
   Word List: Police 153
Lost and Found 153

10 Health 155
At the Pharmacy 156
   Word List: Pharmacy 156
At the Doctor 157
At the Dentist 160
In the Hospital 161
   Word List: Doctor/Dentist/Hospital 161
At a Health Resort 167
   Word List: Health Resort 167

11 A Business Trip 169
On the Way to a Business Meeting 170
   Word List: Business Meeting 171
Negotiations/Conferences/Trade Fairs 171
   Word List: Negotiations/Conferences/Trade Fairs 172
Equipment 174
   Word List: Equipment 174

A Short Grammar 175

English-Croatian Dictionary 194

Croatian-English Dictionary 215

Preface

Barron's *TravelWise Croatian* is a communication guide. You can use it not only to learn individual words, but also to actually express yourself effectively in a foreign country.

For everyday situations you will encounter as you travel, the most commonly used expressions are given here in dialogue form, so that you not only know what you have to say, but can understand the corresponding answers as well.

TravelWise Croatian is divided into 11 subject areas. It will keep you company at every stage of your trip abroad: on the journey to your destination; upon arrival at your hotel; on the beach; at a meeting with business acquaintances.

For each of these subject areas, you will find the most important phrases and expressions, along with word lists arranged by topic. These lists include essential terms that may occur in the various situations. By using these word lists, in addition to the supplementary dictionary section at the back of the book, you can adapt the examples provided to specific situations.

The short grammar will give you a quick overview of the Croatian language.

Photographs and helpful tips will give you valuable information and acquaint you with features of Croatian culture and the beauties of Croatia's landscape.

Pronunciation

Generally, Croatian is pronounced just as it is written

Characteristic Features

- All vowels are open and must be pronounced clearly in every position.
- Vowels in groups are always pronounced singly, never as diphthongs: reuma = re-u-ma.
- The letter r, often treated as a vowel, also has to be pronounced clearly: *vrba, Krk*.
- The consonants always have the same pronunciation, whatever their position.

a	*o* in *hot* (short), *a* in *father* (long)	kada
e	*e* in *bet* (short), *e* in *bed* (long)	epoha
i	*ee* in *beet* (short), *ee* in *need* (long)	ime
o	*ough* in *bought* (short), *oa* in *broad* (long)	ocat
u	*oo* in *root* (short), *u* in *rude* (long)	ulica
j	*y* in *yes*	jagoda
c	*ts* in *cats*	centar
č	*ch* in *archer*	Čeh, čaj
ć	*ch* in *cheap*	kuća, noć
dž	hard *j* as in *John*	džungla, džamija
đ	*j* as in *jeep*	đak, lađa
h	like German guttural *ch* in *ach*	duhan, hlad
lj	soft *l* as in *brilliant*	ljubav, polje
nj	soft *n* as in *lenient*	konjak, banja

r	more trilled than English *r*	roba
s	*s* in *soon*	kosa, pas
š	*sh* in *sheep*	flaša, škola
v	*v* in *violin*	vino, vic
z	*z* in *zip*	Roza, voziti
ž	*z* in *azure*	žurnal

Notes on Stress

Two-syllable Croatian words are always stressed on the first syllable. In words of three and more syllables, however, the stress can be on any syllable except the last. Because the stress in these words is not fixed, its place is indicated in this travel phrase book:

govoriti – speak, jabuka – apple

Vowels, whether stressed or unstressed, may be long or short. Provided you stress the correct syllable, failure to distinguish between long and short vowels will not keep you from being understood in normal conversation.

Notes on the Dictionary Section and the Word Lists

I   Masculine nouns end in a consonant.
II   Feminine nouns end in **-a**.
III Neuter nouns end in **-o** or **-e**.

Gender is indicated only for exceptions to this rule: **jesen** *(f)* autumn, **listonoša** *(m)* mailman, **misao** *(f)* thought.

This travel phrase book is in Croatian and uses the *ije* dialect.

The Writing System

Croatian uses Latin characters. Serbian originally used the Cyrillic alphabet exclusively, but in recent decades it too has used the Latin alphabet with increasing frequency. For tourists traveling to Serbia or Montenegro, there is no need to become familiar with Cyrillic characters; however, that is not the case in Macedonia or Bulgaria, where only Cyrillic is used. You can make yourself fairly well understood there with Croatian.

The Croatian Alphabet

Letter		Letter	
A	a	L	l
B	b	Lj	lj
C	c	M	m
Č	č	N	n
Ć	ć	Nj	nj
D	d	O	o
Dž	dž	P	p
Đ	đ	R	r
E	e	S	s
F	f	Š	š
G	g	T	t
H	h	U	u
I	i	V	v
J	j	Z	z
K	k	Ž	ž

Abbreviations

acc	accusative, 4th case	ạkuzativ, 4. padež
adj	adjective	ạdjektiv, pridjev
adv	adverb	adverb, prilog
conj	conjunction	konjụkcija, veznik
dat	dative, 3rd case	dativ, 3. padež
el	electricity	elektricịtet
s.th.	something	nešto
f	feminine	fẹminin, ženski rod
fm	familiar form	drugo lice prisno
gen	genitive, 2nd case	gẹnitiv, 2. padež
instr	instrumental, 7th case	ịnstrumental, 7. padež
s.o.	someone	nẹkomu, nekoga
prepos	prepositional, 6th case	lọkativ, 6. padež
m	masculine	mạskulin, muški rod
med	medicine	medicịna
n	neuter	nẹutrum, srednji rod
pers prn	personal pronoun	lična zạmjenica
pl	plural	plural, mnọžina
po	polite form	drugo lice učtivo
poss prn	possessive pronoun	pọsvojna zạmjenica
prn	pronoun	pronọmen, zạmjenica
prp	preposition	prepozịcija, prijẹdlog
relig	religious	cṛkveni, dụhovni
sing	singular	sịngular, jednịna
tele	telephone, telegraph	telẹfon, telẹgraf
colloq	colloquial speech	rạzgovorni jezik
v	verb	verbum, glagol

The Essentials
Ukratko

1

Frequently Used Expressions
Često se kaže i često čuje

Yes.	Da.
No.	Ne.
Please.	Molim.
Thank you.	Hvala.
I beg your pardon?/ Pardon?	Molim?
Of course.	Razumljivo.
Agreed!	Pristajem!
Okay!	Okę!
All right!	U redu!
Excuse me.	Oprostite!
Just a minute, please.	Trenutak, molim.
That's enough!	Dosta!
Help!	U pomoć!
Who?	Tko?
What?	Što?
Which?	Koji/Koja/Koje?
To whom?	Komu?
Whom?	Koga?
Where?	Gdje?
Where is/Where are ...?	Gdje je/Gdje su ...?
Where ... from?/From where?	Otkuda?
Where ... to?/To where?	Kamo?
Why?	Čemu?/Zašto?/Zbog čega?
How?	Kako?
How much?	Koliko?
How many?	Koliko?
How long?	Otkada? Dokada?

When?	Kada?
I'd like...	Htio (Htjela *f*) bih ...
Is there ...?/Are there ...?	Ima li ...?

Numerals/Measures/Weights
Brojevi/Mjere/Utezi

0	nula, ništica
1	jedan (jedna *f*, jedno *n*)
2	dva (dvije *f*)
3	tri
4	četiri
5	pet
6	šest
7	sedam
8	osam
9	devet
10	deset
11	jedanaest
12	dvanaest
13	trinaest
14	četrnaest
15	petnaest
16	šesnaest
17	sedamnaest
18	osamnaest
19	devetnaest
20	dvadeset
21	dvadeset jedan
22	dvadeset dva
23	dvadeset tri
24	dvadeset četiri
25	dvadeset pet
26	dvadeset šest

27	dvadeset sedam
28	dvadeset osam
29	dvadeset devet
30	trideset
31	trideset jedan
32	trideset dva
40	četrdeset
50	pedeset
60	šezdeset
70	sedamdeset
80	osamdeset
90	devedeset
100	sto, stotina
101	sto jedan
200	dvjesto, dvjesta
300	tristo, trista
1,000	tisuća

For thousand, *the Croatians use the Slavic word* tisuća, *but in many regions, or in colloquial usage, the word* hiljada *(accepted in Serbia), derived from Greek, is also used.*

2,000	dvije tisuće/hiljade
3,000	tri tisuće/hiljade
10,000	deset tisuća/hiljada
100,000	sto tisuća/hiljada
1,000,000	milijun
first	prvi
second	drugi
third	treći
fourth	četvrti
fifth	peti
sixth	šesti
seventh	sedmi
eighth	osmi
ninth	deveti
tenth	deseti

1/2	polovina
1/3	trećina
1/4	četvrtina
3/4	tri četvrtine
3.5%	tri cijela pet posto
27°C	dvadeset sedam stupnjeva
−5°C	minus pet stupnjeva
1998	tisuću devetsto devedeset osam
millimeter	milimetar
centimeter	centimetar
meter	metar
kilometer	kilometar
mile	milja
nautical mile	morska milja
square meter	četvorni metar
square kilometer	četvorni kilometar
are *(100 square meters)*	ar
hectare *(10,000 square meters)*	hektar
milliliter	mililitar
centiliter	centilitar
liter	litar, litra
gram	gram
pound	funta
kilogram	kilogram
centner *(50 kilograms)*	centa
metric ton	tona
a dozen	tuce

Expressions of Time

Oznake vremena

Telling Time	Vrijeme po satu
What time is it?	Koliko je sati?
Can you tell me the time, please?	Molim Vas možete li mi reći koliko je sati?
It's (exactly/about) …	Točno/Otprilike …
three o'clock.	tri sata.
five past three.	tri i pet.
ten past three.	tri sata i deset.
quarter past three.	tri i četvrt.
half past three.	tri i pol (*colloq* pola četiri).
quarter to four.	četvrt do četiri.
five to four.	pet do četiri.
one o'clock.	jedan sat.
noon/midnight.	podne/ponoć.
Is this clock right?	Je li ovaj sat točan?
It's fast/slow.	Ide naprijed./Kasni.
It's late/too early.	Kasno/Prerano je.
What time?/When?	U koliko sati?/Kada?
At one o'clock.	U jedan sat.
At two o'clock.	U dva sata.
At about four o'clock.	Oko četiri sata.
In an hour.	Za jedan sat.
In two hours.	Za dva sata.
Not before 9:00 A.M.	Ne prije devet sati ujutro.
After 8:00 P.M.	Poslije osam sati navečer.
Between three and four.	Između tri i četiri.
How long?	Koliko dugo?
(For) Two hours.	Dva sata.
From ten to eleven.	Od deset do jedanaest.
Until five o'clock.	Do pet sati.

Since when?	Otkad(a)?
Since 8:00 A.M	Od osam sati ujutro.
For half an hour.	Već pola sata.
For a week.	Već tjedan dana.

Other Expressions of Time
Ostale oznake vremena

about noon/midday	oko podne
about this time	u ovo vrijeme
at night	noću
at noon/midday	o podne
daily, every day	dnevno
during the day	danju
every day	svakog dana
every half hour	svakih pola sata
every other day	svaka dva dana
from time to time	s vremena na vrijeme
hourly, every hour	svakog sata
in the afternoon	po podne
in the evening, evenings	navečer
in the morning, mornings	ujutro, do podne
in two weeks	za četrnaest dana
last Monday	prošlog ponedjeljka
next year	iduće godine
now	sada
on Sunday	u nedjelju
on the weekend	preko vikenda
recently	nedavno
sometimes	ponekad
soon	uskoro
ten minutes ago	prije deset minuta

the day after tomorrow	pręksutra
the day before yesterday	prękjučer
this morning/evening	jutros/večęras
this week	ovog tjedna
today	danas
tomorrow	sutra
tomorrow morning/evening	sutra ujutro/nąvečer
within a week	u tijeku tjedna
yesterday	jučer

Days of the Week — Dani u tjednu

Monday	ponędjeljak
Tuesday	utorak
Wednesday	srijęda
Thursday	četvŗtak
Friday	petak
Saturday	sųbota
Sunday	nędjelja

Months of the Year — Mjęseci

January	sįječanj, jąnuar
February	vęljača, fębruar
March	ǫžujak, mart
April	travanj, april
May	svibanj, maj
June	lipanj, jun
July	srpanj, jul
August	kǫlovoz, ąugust
September	rujan, sęptembar
October	lįstopad, ǫktobar
November	stųdeni, nǫvembar
December	prǫsinac, dęcembar

In addition to the month names of Latin origin, the Croatians also have preserved the Slavic roots in the other names of the months.

Seasons	**Godišnja doba**
spring	proljeće
summer	ljeto
autumn/fall	jesen *f*
winter	zima

Holidays	**Blagdani**
New Year's Day	Nova godina
Epiphany	Sveta tri kralja
Mardi Gras, Shrove Tuesday	Pokladni utorak
Ash Wednesday	Pepelnica
Good Friday	Veliki petak
Easter	Uskrs
Easter Monday	Uskrsni ponedjeljak
May Day	Prvi svibanj
Ascension Day	Spasovo
Pentecost, Whitsun	Duhovi *(m pl)*
Whitmonday	Duhovski ponedjeljak
Corpus Christi Day	Tijelovo
Assumption Day (August 15)	Velika Gospa
All Saints' Day (November 1)	Svi sveti
Christmas Eve	Badnjak
Christmas	Božić
Christmas Day	Prvi dan Božića
St. Stephen's Day (December 26)	Drugi dan Božića, *(colloq)* Štefanje
New Year's Eve	Silvestrovo

The Date	Datum
What's the date today?	Koji je danas datum?
Today is May 1st.	Danas je prvi svibnja.

The Weather
Vremenske prilike

What's the weather going to be like today?	Kakvo će vrijeme biti danas?
It's going to be fine/bad/variable.	Bit će lijepo/ružno/nestalno vrijeme.
It's going to stay fine/bad.	Ostat će lijepo/ružno.
It's going to get warmer/colder.	Bit će toplije/hladnije.
It's supposed to rain/snow.	Kažu da će padati kiša/snijeg.
It's cold/hot/humid.	Hladno/Vruće/Sparno je.
A thunderstorm is approaching.	Dolazi oluja.
There's going to be a storm.	Bit će olujnog vjetra.
It's foggy/windy.	Magla/Vjetrovito je.
The sun is shining.	Sunce sija.
The sky is clear/overcast.	Nebo je vedro/oblačno.
What's the temperature today?	Koliko je danas stupnjeva?
It's twenty degrees Centigrade.	Dvadeset stupnjeva Celzijevih.
What are the road conditions in ...?	Kakvo je stanje cesta u ...?
The roads are slippery.	Ceste su klizke.
Visibility is only 20 meters/less than 50 meters.	Vidljivost iznosi samo dvadeset metara/manje od 50 metara.
You need snow chains.	Potrebni su lanci za snijeg.

Word List: Weather

air	zrak
air pressure	zračni pritisak
barometer	barometar
bora *(a strong, cold northerly wind of the Adriatic Sea)*	bura
clear	vedar
climate	klima
cloud	oblak
cloudburst	prolom oblaka
cold	hladan
damp and cool	vlažno hladan
dawn	svitanje
drizzle	sipljenje kiše
dryness	suša
dusk	sumrak
flood	poplava
fog	magla
frost	mraz
glaze	poledica
gust of wind	udar vjetra
hail	tuča, led
hazy	tmuran
heat	vrućina
heat wave	val vrućine
high tide	plima
high, high-pressure area	polje visokog tlaka
hot	vruć
humid	sparan
humidity	sparina
ice	led
lightning	munja
low tide	oseka
low, low-pressure area	polje niskog tlaka
lull	tiho vrijeme
overcast, cloudy	oblačan
precipitation	oborine *(f pl)*
rain	kiša
shower	pljusak
rainy	kišovit
rainy season	kišno vrijeme
sleet	solika

snow	snijeg
powder snow	pršić
snowstorm	vijavica
starry	zvjezdan
sun	sunce
sunny	sunčan
sunrise	izlazak sunca
sunset	zalazak sunca
temperature	temperatura
thaw	jugovina
thunder	grmljavina
variable	promjenljiv
warm	topao
weather forecast	prognoza vremena
weather report	izvješće o vremenu
wet	mokar
wind	vjetar
wind speed	jačina vjetra

Word List: Colors

beige	bež
black	crn
blue	plav, modar
brown	smeđ
chestnut, auburn	kestenjast
colored	obojen
monochromatic	jednobojan
multicolored	višebojan
dark	tamno
gold(en)	zlatan
gray	siv
green	zelen
light	svijetlo
lilac, purple	ljubičast
orange	narančast
pink	ružičast
red	crven
silver	srebrn
turquoise	tirkizan
violet	ljubičast
white	bijel
yellow	žut

2 **Making Contact**
Kontakti

Saying Hello/Introductions/Getting Acquainted
Pozdravi/Predstavljanje/Poznanstvo

Good morning!	Dobro jutro!
Good afternoon!	Dobar dan!
Good evening!	Dobra večer!
Hello!/Hi!	Zdravo!
What's your name, please?	Kako Vam je ime, molim? *(po)*
What's your name?	Kako se zoveš *(fm)*?
My name is …/	Moje ime je …/
I'm called …	Zovem se …
Pleased to meet you.	Drago mi je!
May I introduce you? This is …	Dopustite da vas upoznam. To je …
Mrs./Ms. X.	gospođa X.
Miss X.	gospođica X.
Mr. X.	gospodin X.
my husband.	moj muž.
my wife.	moja žena.
my son.	moj sin.
my daughter.	moja kći.
my brother/my sister.	moj brat/moja sestra.
my boyfriend/my girlfriend.	moj prijatelj/moja prijateljica.
my colleague.	moj kolega *(m)*/moja kolegica *(f)*
How are you?	Kako ste *(po)*/si *(fm)*?
How are you?/How are things?	Kako je?
Fine, thanks. And you?	Hvala. A Vi *(po)*/ti *(fm)*?
Where are you from?	Odakle ste *(po)*/si *(fm)*?
I'm from …	Ja sam iz …
Have you been here long?	Jeste *(po)*/Jesi *(fm)* li već dugo ovdje?
I've been here since …	Ja sam ovdje od …

How long are you staying?	Dokada ostajete *(po)*/ostaješ *(fm)*?
Is this your first time here?	Jeste *(po)*/Jesi *(fm)* li ovdje prvi put?
Are you on your own?	Jeste li sami *(po)*/Jesi li sam (sama *f*) *(fm)*?
No, I'm traveling with my family/with friends.	Ne, ja sam ovdje sa svojom obitelji/s prijateljima na putu.
Are you staying at the Astoria Hotel/at the campground, too?	Jeste li i Vi *(po)*/Jesi li i ti *(fm)* u hotelu Astorija/u kempu?

Traveling Alone/Making a Date

Sama na putu/Sastanak

Are you waiting for someone?	Čekate *(po)*/Čekaš *(fm)* li nekoga?
Do you have any plans for tomorrow?	Imate *(po)*/Imaš *(fm)* li već neki plan za sutra?
Shall we go there together?	Hoćemo li poći zajedno tamo?
Shall we go out together this evening?	Hoćemo li večeras izaći zajedno?
May I invite you out for a meal?	Smijem li Vas *(po)*/te *(fm)* pozvati na ručak/večeru?
When shall we meet?	Kada ćemo se naći?
May I pick you up?	Smijem li doći po Vas *(po)*/tebe *(fm)*?
When should I come for you?	Kada da dođem?

Let's meet at nine o'clock ...
    in front of the movie theater.
    at ... Square.
    in the café.
	Nađimo se u devet sati ...
	    pred kinom.
	
	    na trgu ...
	    u kavani.

Are you married?	Jeste li oženjeni *(m)*/udati *(f)*?
Do you have a boy-friend/a girlfriend?	Imaš li momka/djevojku?
May I take you home?	Smijem li Vas *(po)*/te *(fm)* dopratiti kući?
I'll come with you as far as the …	Dopratit ću Vas *(po)*/te *(fm)* još do …
Can I see you again?	Mogu li Vas *(po)*/te *(fm)* opet vidjeti?
I hope I'll see you again soon.	Nadam se da ću Vas *(po)*/te *(fm)* uskoro opet vidjeti.
Thank you very much for the pleasant evening.	Hvala lijepa za ugodnu večer.
Please leave me alone!	Pustite me na miru, molim Vas!
Go away! Get lost!	Odbij! Nosi se!
That's enough!	Sad mi je dosta!

A Visit

Posjet

Excuse me, does Mr./Mrs./Miss X live here?	Oprostite, stanuje li ovdje gospodin/gospođa/gospođica X?
No, he/she has moved.	Ne, on se preselio/ona se preselila.
Do you know where he/she is living now?	Znate li gdje sada stanuje?
Can I speak to Mr./Mrs./Miss X?	Mogu li govoriti s gospodinom/gospođom/gospođicom X?
When will he/she be home?	Kada će biti kod kuće?

Can I leave a message?	Mogu li ostaviti poruku?
I'll come back later.	Svratit ću kasnije još jednom.
Please come in.	Izvolite *(po)*/Izvoli *(fm)* ući.
Please sit down.	Izvolite *(po)*/Izvoli *(fm)* sjesti.
Paul asked me to give you his regards.	Pozdravlja Vas *(po)*/te *(fm)* Pavao.
What may I offer you to drink?	Što Vam *(po)*/ti *(fm)* mogu ponuditi za piće?
To your health!	Na zdravlje!
Can you stay for lunch/dinner?	Možete *(po)*/Možeš *(fm)* li ostati na ručku/večeri?
Thank you. I'd like to stay, if I'm not causing any bother.	Hvala lijepa. Ostat ću rado, ako ne smetam.
I'm sorry, but I have to go now.	Žao mi je, ali sada moram ići.

Saying Good-bye
Rastanak

Good-bye!	Do viđenja!
See you soon!	Do skorog viđenja!
See you later!	Do kasnije!
See you tomorrow!	Do viđenja sutra!
Good night!	Laku noć!
Bye!	Zdravo! Adio! Bok!
All the best!	Sve najbolje!
Have fun!	Dobru zabavu!
Have a good trip!	Sretan put!
I'll be in touch.	Ja ću se javiti.
Give ... my regards.	Pozdravite *(po)*/Pozdravi *(fm)* ...

Asking a Favor/Expressing Thanks
Molba i zahvala

Yes, please.	Da, molim.
No, thank you.	Ne, hvala.
May I ask you a favor?	Smijem li Vas zamoliti za uslugu?
May I?	Dopuštate li?
Can you help me, please?	Molim Vas možete li mi pomoći?
Thank you.	Hvala.
Thank you very much.	Hvala lijepa.
Yes, thank you.	Hvala, vrlo rado.
Thank you, too.	Hvala, također!
That's very kind, thank you.	To je ljubazno, hvala.

Thank you very much for your help/trouble.	Hvala lijepa za Vašu pomoć/Vaš trud.
You're welcome./Don't mention it.	Molim lijepo./ Vrlo rado.

Apologies/Regrets
Isprika/Žaljenje

Excuse me!/Pardon me!	Oprostite! Izvinite!/Pardon!
I must apologize.	Moram se ispričati.
I'm very sorry.	Žao mi je.
I didn't mean it.	Nisam tako mislio (mislila *f*).
What a pity!	Šteta!
Unfortunately, that's impossible.	To na žalost nije moguće.
Perhaps another time.	Možda drugi put.

Congratulations/Best Wishes
Čestitka

Congratulations!	Srdačno čestitam!
All the best!	Sve najbolje!
Happy birthday/nameday!	Sve najbolje za rođendan/imendan!
I wish you every success!	Mnogo uspjeha!
Lots of luck!	Mnogo sreće!
Good luck!	Sretno!
Get well soon!	Dobro se oporavite!
Happy holidays!	Ugodne blagdane!

Language Difficulties

Teškoće u sporazumijevanju

(I beg your) pardon?	Molim?
I don't understand you. Please repeat it.	Ne razumijem Vas *(po)*/te *(fm)*. Molim Vas ponovite *(po)*/te ponovi *(fm)*.
Would you speak a little slower/louder, please?	Molim govorite *(po)*/govori *(fm)* malo polakše/glasnije.
I understand.	Razumijem.
I understood.	Razumio sam.
Do you speak ...? German? English? French?	Govorite li *(po)*/Govoriš li *(fm)* ... njemački? engleski? francuski?
I only speak a little ...	Govorim samo malo ...
What's ... in Croatian?	Kako se kaže ... na hrvatskom?
What does that mean?	Što to znači?
How do you pronounce this word?	Kako se izgovara ova riječ?
Would you write it down for me, please?	Molim Vas *(po)*/te *(fm)* napišite/napiši mi je.
Would you spell it, please?	Molim Vas *(po)*/te *(fm)* izgovorite *(po)*/izgovori *(fm)* je slovo po slovo.

Expressing Opinions
Izjave

I (don't) like it.	To mi se (ne) sviđa.
I'd prefer ...	Radije bih htio ...
I'd really like ...	Najradije bih ...
That would be nice.	To bi bilo lijepo.
With pleasure.	Sa zadovoljstvom.
Fine!	Odlično!
I don't feel like it.	Nemam volje za to.
I don't want to.	Neću.
That's out of the question.	To ne dolazi u obzir.
Under no circumstances.	Ni u kom slučaju.
I don't know yet.	Još ne znam.
Perhaps./Maybe.	Možda.
Probably.	Vjerojatno.

Personal Information
Podaci o osobi

Age	**Dob**
How old are you?	Koliko imate *(po)*/imaš *(fm)* godina?
I'm thirty-nine.	Imam trideset devet.
When's your birthday?	Kada Vam *(po)*/ti *(fm)* je rođendan?
I was born on April 12th, 1954.	Rođen (Rođena *f*) sam dvanaesti travnja 1954.

Professions/Education/Training

Zanimanje/Studij/Školovanje

What do you do for a living?	Što ste *(po)*/si *(fm)* po zanimanju?
I'm a blue-collar worker.	Ja sam radnik/-nica.
I'm a white-collar worker.	Ja sam namještenik/-nica.
I'm a civil servant.	Ja sam činovnik/-nica.
I do freelance work.	Ja sam u slobodnoj profesiji.
I'm retired.	Ja sam umirovljenik/-nica, penzioner/ka.
I'm unemployed.	Ja sam nezaposlen.
I work for/at ...	Radim kod ...
I'm still in school.	Idem još u školu.
I go to high school.	Idem u gimnaziju.
I'm a (university) student.	Ja sam student/ica.
Where/What are you studying?	Gdje/Što studirate *(po)*/studiraš *(fm)*?
I'm studying ... in America.	Studiram ... u Americi.
What are your hobbies?	Kakve hobije imate *(po)*/imaš *(fm)*?

Word List: Professions/Education/Training

academy of art	umjetnička akademija
actor/actress	glumac/glumica
apprentice	naučnik
archeology	arheologija
architect	arhitekt/ica
architecture	arhitektura
art history	povijest umjetnosti
artist	umjetnik/-nica
auditor	revizor/ka
auto mechanic	auto-mehaničar

baker	pekar/ica
barber, hairdresser	frizer/ka
biologist	biolog
biology	biologija
bookkeeper	knjigovođa *m*/-votkinja
bookseller	knjižar/ka
bricklayer	zidar
business management	ekonomika poduzeća
business school, commercial college	trgovačka škola
butcher	mesar/ica
caretaker	nadstojnik/-nica
carpenter	stolar/ka
carpenter	tesar
cashier	blagajnik/-nica
chemist	kemičar/ka
chemistry	kemija
civil servant	činovnik/-nica
college of engineering	tehnički fakultet
college, university	visoka škola
computer science	informatika
confectioner	slastičar/ka
cook	kuhar/ica
decorator	dekorator/ica
dental technician	zubotehničar/ka
dentist	zubar/ka
designer	dizajner/ica
director	voditelj/ica
doctor	liječnik/-nica
doctor's assistant	liječnička pomoćnica.
draftsman	tehnički crtač/-ka crtačica
driver	vozač/vozačica
driving instructor	instruktor/ica vožnje
druggist	drogerist/drogeristica
economist	ekonomist/ica
editor	redaktor/ka
electrician	električar/ka
employee (salaried), white-collar worker	namještenik/-nica
engineer	inženjer/ka
English studies	anglistika
environmental officer	povjerenik za zaštitu okoline
farmer	ratar/ka
fashion model	maneken/ka

field of study, subject	grana studija
fisherman	ribar
fitter	monter
flight attendant, steward/stewardess	stjuard/stjuardęsa
florist	cvjećar/ka
forester	šumar/ka
gardener	vrtlar/ica
geography	zęmljopis
geology	geolọgija
German studies	germanịstika
glazier	staklar
history	pọvijest f, hịstorija
housewife	kụćanica, domạćica
institute	instịtut
interpreter	tumač/tumạčica
janitor/janitress	vratar/ka
jeweler	dragụljar, juvẹlir
journalist	nọvinar/ka
judge	sudac/sụtkinja
laboratory technician	laborạnt/ica
laborer, blue-collar worker	radnik/rạdnica
landlord/lady, innkeeper	gostiọničar/ka
law	pravo
lawyer	ọdvjetnik/-nica
lecturer (university)	docent/ica
lectures	predạvanja
letter carrier, mail carrier	listọnoša m, (colloq) pọštar/ica
librarian	knjịžničar/ka
locksmith	bravar
management expert	ekonọmist/ica poduzẹća
manager	pọslovođa/pọslovotkinja
masseur/masseuse	maser/ka
mathematics	matemạtika
mechanic	mehạničar/ka
mechanical engineering	strojogrạdnja
medicine	medicịna
merchant	trgovac/trgovkinja
meteorologist	meteorọlog
midwife	prịmalja, bạbica
music	glazba, mụzika

musician	glazbenik/-nica, mužičar/ka
nonmedical practitioner	travar/ka
nurse	medicinska sestra
male nurse, orderly	bolničar
nursery school teacher	odgojitelj/ica
optician	optičar/ka
painter	slikar
parson, vicar, clergyman	župnik
pensioner	umirovljenik/-nica, penzioner/ka
pharmacist	ljekarnik, apotekar/ica
pharmacy	farmacija
philosophy	filozofija
photographer	fotograf/kinja
physicist	fizičar/ka
physics	fizika
physiotherapist	fizioterapeut/kinja
pilot	pilot/kinja
plumber	instalater/ka
policeman/woman	policajac/policajka
political science	politologija
post office official	poštanski službenik/-nica
professor	profesor/ica
psychologist	psiholog
psychology	psihologija
railroad worker	željezničar
representative, rep	predstavnik/-nica
restorer	restaurator/ica
Romance languages	romanistika
roofer	krovopokrivač/ica
sailor	mornar
salesperson	prodavač/prodavačica
school	škola
elementary school	osnovna škola
secondary school	gimnazija
schoolboy/girl, pupil	učenik/-nica, đak
scientist	znanstvenik/-nica
secretary	tajnik/-nica
senior clerk	referent/ica
shoemaker	obućar/ka
skilled worker	kvalificirani radnik/-na radnica
Slavic studies	slavistika
social worker	socijalni radnik/-na radnica
sociology	sociologija
student (university)	student/ica

studies	studij
tailor	krojač/ica
tax consultant	poreski savjetnik/-nica
taxi driver	taksist/ica
teacher	učitelj/ica
technician	tehničar/ka
theater studies	kazališna znanost
theology	teologija
therapist	terapeut/kinja
toolmaker	alatničar/ka
tour conductor	turistički vodič
translator	prevodilac/prevoditeljica
university	sveučilište, univerzitet
veterinarian	veterinar/ka
vocational school	stručna škola
waiter/waitress	konobar/ica
watchmaker	urar/ka
workman	obrtnik/-nica
writer	književnik/-nica

3 **On the Go**
Na putovanju

Giving Directions
Podąci o mjestu

left	lijevo
right	desno
straight ahead	ravno
in front of	ispred
behind	iza
at, in; into, to	u
next to, beside	kraj, uz
opposite	nąsuprot
here	ovdje
there	tamo
near	blizu
far	dalęko
street	ųlica
road	cesta
intersection, crossroads, junction	krįžanje
curve	zavoj

Car/Motorcycle/Bicycle
Automọbil/Motocįkl/Bicįkl

Information — Informącije

Excuse me, please, how do I get to ...?	Oprọstite, molim, kuda se ide u ...?
Can you show me the way/that on the map, please?	Mọžete li mi pokązati put/to na karti?
How far is it?	Kọliko je to dalęko?
Excuse me, is this the road to ...?	Molim Vas je li ovo cesta za ...?
How do I get to the superhighway to ...?	Kako da dođem na ąuto-cestu za ...?
Straight ahead until you get to ...	Samo ravno do ...

Then ...
  at the traffic light
  at the next corner
turn left/right.

Onda ...
  kod semafora
  na slijedećem uglu
skrenite lijevo/desno.

Follow the signs.

Slijedite putokaze.

Is there some little-used road to ...?

Ima li neka manje prometna cesta za ...?

You're on the wrong road.

Krivo ste pošli.

You need to drive back to ...

Morate se vratiti do ...

At the Service Station   Na benzinskoj stanici

Where's the nearest gas station, please?

Molim Vas gdje je najbliža benzinska stanica?

I'd like ... liters of ...
  regular.
  super.
  diesel.
  gasoline-benzole mixture.
  unleaded/leaded/with a ... octane rating.

Molim ... litara ...
  običnog benzina.
  supera.
  dizela.
  mješavine.

  bez olova/s olovom/od ... oktana.

Two hundred kunas worth of super, please.

Molim supera za dvjesto kuna.

Fill it up, please.

Napunite, molim.

Please check ...
  the oil.
  the tire pressure.

Molim Vas provjerite ...
  nivo ulja.
  tlak u gumama.

Please check the water, too.

Molim Vas pogledajte i vodu za hlađenje.

Can you change the oil, please?

Možete li mi promijeniti ulje?

I'd like to have the car washed, please.

Htio (Htjela f) bih dati kola na pranje.

I'd like a road map of this area, please.

Molim Vas jednu auto-kartu ovoga kraja.

Where are the restrooms, please?

Molim, gdje su zahodi/je WC (ve-ce)?

Road Signs

Accident Site

Road Narrows

Falling Rocks

Caution—
Livestock

Nearby
Bank

Gas Station

Customs

Hospital

Camping

Sign on the Approach
to a Junction

Road Sign

Prescribed
Direction of Traffic

One-way Street

Parking

Parkiranje

Is there some place to park near here?	Ima li u blizini mogućnosti za parkiranje?
Can I park my car here?	Mogu li ovdje ostaviti kola?
Could you give me change for ... kunas for the parking meter?	Možete li mi usitniti ... kuna za parkirni sat?
Does the parking lot have an attendant?	Da li je parkiralište čuvano?
Sorry, we're full up.	Na žalost sve je popunjeno.
How long can I park here?	Koliko dugo mogu ovdje parkirati?
What is the parking charge per ...	Kolika je tarifa na ...
hour?	sat?
day?	dan?
night?	noć?
Is the parking garage open all night?	Je li garaža otvorena cijelu noć?

Car Trouble

Kvar

I have engine trouble/a flat tire.	Imam kvar (*colloq* defekt)./Pukla je guma.
Would you call the emergency road service, please?	Molim Vas telefonirajte po službu pomoći.
My car/motorcycle license number is ...	Broj moga auta/motocikla je ...
Would you send a mechanic/tow truck, please?	Molim Vas da li biste mi poslali mehaničara/vučno vozilo?
Could you lend me some gas, please?	Možete li mi pomoći s malo benzina?
Could you help me change the tire, please?	Možete li mi pomoći da promijenim gumu?

Would you please tow me/give me a lift to the nearest repair shop/gas station?	Da li biste me odvukli/povezli do najbliže radionice/benzinske stanice?

At the Auto Repair Shop

U radionici

Is there a repair shop near here?	Gdje ima u blizini neka radionica?
My car won't start.	Moja se kola ne daju upaliti.
I don't know what's wrong.	Ne znam zbog čega.
Can you come with me/give me a tow?	Možete li poći sa mnom/me odvući?
There's something wrong with the engine.	Nešto nije u redu s motorom.
The brakes aren't working.	Kočnice ne rade.
… is/are defective.	… je/su u kvaru.
The car is losing oil.	Kola gube ulje.
Could you take a look?	Možete li pogledati?
Change the spark plugs, please.	Molim Vas promijenite svjećice.
Do you have (original) spare parts for this car?	Imate li (originalnih) rezervnih dijelova za ova kola?
Just make the most necessary repairs, please.	Molim Vas popravite samo najnužnije.
When will the car/the motorcycle be ready?	Kada će biti gotova kola/gotov motocikl?
How much will it cost?	Koliko će stajati?

A Traffic Accident

Prometna nesreća

There's been an accident.

Dogodila se nesreća.

Please hurry and call ...
  an ambulance.
  the police.
  the fire department.

Molim Vas pozovite brzo ...
  vozilo hitne pomoći.
  policiju.
  vatrogasce.

Can you look after the injured?

Možete li se pobrinuti za ozlijeđene?

Do you have a first-aid kit?

Imate li pribor za previjanje?

It was my/your fault.

Bila je moja/Vaša krivica.

You didn't observe the right of way.

Niste pazili na prednost.

You cut the curve.

Sjekli ste zavoj.

You changed lanes without signaling.

Promijenili ste prometni trak bez žmiganja.

You drove ...
  too fast.
  too close to the car in front.

  through a red light.

Vozili ste ...
  prebrzo.
  bez razmaka

  pri crvenom preko križanja.

I was doing ... kilometers an hour.

Vozio sam ... kilometara na sat.

The maximum speed is 120 km/h on superhighways, 100 km/h on highways, 80 km/h on country roads, and 60 km/h in towns.

Shall we call the police, or can we settle things ourselves?

Hoćemo li zvati policiju ili se možemo nagoditi?

I'd like my insurance company to adjust the claim.

Htio (Htjela f) bih da štetu uredi moje osiguranje.

I'll give you my address and insurance number.

Dat ću Vam svoju adresu i broj osiguranja.

Please give me your name and address/the name and address of your insurance company.	Dajte mi, molim Vas, Vaše ime i adresu/ime i adresu Vašeg osiguranja.
Will you be a witness for me?	Možete li biti moj svjedok?
Thank you very much for your help.	Hvala lijepa na Vašoj pomoći.

Car/Motorcycle/ Bicycle Rental

Iznajmljivanje automobila, motocikla, bicikla

I'd like to rent ... for ... days/a week.	Htio (Htjela *f*) bih za ... dana/jedan tjedan unajmiti ...
a (cross-country) vehicle	(terenska) kola/auto.
a motorcycle	motor, motocikl.
a moped	moped.
a motor scooter	skuter, vespu.
a bicycle	bicikl.
How much does it cost per day/week?	Koliko iznosi dnevni/tjedni paušal?
What do you charge per kilometer?	Koliko tražite po pređenom kilometru?
How much is the deposit?	Koliku kauciju moram položiti?
I'll take the ...	Uzet ću ...
Would you like supplementary insurance?	Želite li dodatno osiguranje?
Is the vehicle fully covered by insurance?	Je li vozilo osigurano punim kaskom?
May I see your driver's license?	Smijem li vidjeti Vašu vozačku dozvolu?
Can I have the car right away?	Mogu li odmah uzeti kola?
Is it possible to leave the car in ...?	Je li moguće predati vozilo u ...?

Word List: Car/Motorcycle/Bicycle

to accelerate	dati gas
air filter	pročistač (colloq filtar) zraka
air pump	zračna pumpa
alarm system	alarmni uređaj
antifreeze	antifriz
automatic transmission	automatski mjenjač
axle	osovina
front axle	prednja osovina
rear axle	stražnja osovina
backfire	defektno paljenje
ball bearing	kuglični ležaj
bell	zvonce
bicycle, bike	biciklk
racing bike	trkaći bicikl
three-speed/ten-speed (bike)	sa tri brzine/sa deset brzina
bike path	staza za bicikle
blinker	pokazivač smjera, (colloq) žmigavac
blood alcohol level	promil
brake	kočnica
backpedal/coaster brake (bike)	stražnja kočnica
foot brake	nožna kočnica
hand brake	ručna kočnica
brake fluid	tekućina za kočnice
brake lever	ručica kočnice
brake lights	stop-svjetla
brake lining	obloga kočnice
breakdown	kvar
broken	slomljen
bumper	odbojnik, branik
cable	provodnik, (colloq) kabel
car body	karoserija
car wash	pranje kola
carburetor	rasplinjač
carrier, luggage rack	nosač prtljage
casing (tire)	spoljna guma
chain	lanac
clutch	spojka, kvačilo
clutch lever	ručica spojke
coolant, radiator water	voda za hlađenje
crash helmet	kaciga
cylinder	cilindar

Zagreb

cylinder head	glava cilindra
to dazzle, to blind	zaslijepiti
detour	zaobilaznica
to dim the headlights	oboriti svjetlo
distributor	razdjelnik, razvodnik
driver's license	vozačka dozvola
emergency flashers	svjetlo upozorenja
emergency road service	služba za pomoć na cesti
emergency telephone	stup s hitnim telefonom
engine hood	poklopac motora
engine trouble	kvar
exhaust	ispušnik, *(colloq)* auspuh
expressway	brza cesta
fan belt	klinasti remen
fender	blatobran, zaštitni lim
fine	globa
flat tire	ispuhana guma
four-lane	četverostazan
four-wheel drive	pogon na sve kotače
front light	prednje svjetlo
front wheel	prednji kotač/točak

front-wheel drive	prednji pogon
fuse	osigurač
gas	benzin
gas canister	benzinska kanta
gas coupon	benzinski bon
gas pedal	papučica/(colloq) pedala gasa
gas pump	benzinska pumpa
gas station, filling station	benzinska stanica
gas tank	rezervoar, spremnik
gear	brzina, hod
first gear	prva brzina
neutral	prazan hod
reverse	brzina za vožnju unatrag, (colloq) rikverc
gearshift	ručica mjenjača
gearshift lever	poluga mjenjača
generator	dinamo (m)
handlebars (two-wheeled vehicle)	guvernal
headlight	reflektor, far
headlight flasher	znak svjetlom
heating	grijanje
high beam	dugo svjetlo
hitchhiker	autostoper
horn	sirena
horsepower (hp)	KS (konjska snaga)
hub	glavčina
ignition	paljenje
ignition key	ključ za paljenje
ignition lock	brava za paljenje
injection pump	pumpa za ubrizgavanje
insurance (partial-coverage)	djelomični kasko
full-coverage insurance	puni kasko
green insurance card	zelena karta osiguranja
jack	dizalica za kola
jet, nozzle	mlaznica, (colloq) diza
jumper cable	pomoćni kabel za start
kidney belt	pojas za bubrege
lane	prometni trak
lever	ručica, poluga
license plate	registarska pločica (colloq tablica)
low beam	oboreno svjetlo
moped	moped

motel	motel
motor, engine	motor
motorcycle	motocikl
motor scooter	skuter
mountain bike	mountain bike
nut	matica vijka
octane rating	broj oktana
oil	ulje
oil change	promjena ulja
oil level dipstick	šipka za mjerenje ulja
pannier	torba za stvari
papers	isprave, dokumenti
parking disc	disk za parkiranje
parking garage	javna garaža
parking light	pozicijsko svjetlo
parking meter	parkirni sat
parking place	parkiralište
pedal	papučica, *(colloq)* pedala
pedal bearing	ležište pedale
piston	klip
radar speed check	radarska kontrola
radiator	hladnjak
rear light	stražnje svjetlo
rearview mirror	vozačko ogledalo, retrovizor
rear wheel	stražnji kotač/točak
rear wheel drive	stražnji pogon
reflector	reflektor
repair shop, garage	radionica
rim	naplatak, *(colloq)* felga
road construction site	gradilište
road map	auto-karta
saddle	sjedalo
safety belt	sigurnosni pojas
sandpaper	brusni papir, *(colloq)* šmirgl
screw	vijak
screwdriver	odvijač
seal	zaptivka, *(colloq)* dihtung
secondary road	sporedna cesta
shock absorber	amortizer
short circuit	kratki spoj
signpost, road sign	putokaz
snow tires	zimske gume
socket wrench	cjevasti ključ
spare parts	rezervni dijelovi

spare tire, spare wheel	rezervni kotač/točak
spark plug	svjećica
speedometer	brzinomjer, tahometar
spoke	žbica
starter	pokretač
steering wheel	upravljač, volan
sunroof	pokretni krov
supercharger	ventilator
superhighway	auto-cesta
tire	auto-guma, vanjska guma
tire repair kit	pribor za krpanje
to accelerate	dati gas
to brake	kočiti
to dazzle, to blind	zaslijepiti
to dim the headlights	oboriti svjetlo
to disengage	iskvačiti
to grease	podmazati
to hitchhike	putovati auto-stopom
to knock *(engine)*	lupati
to tow (away)	vući, odvući
to turn	skrenuti
toll	cestarina
tool kit	torbica za alat
tow truck	kola za vuču
towing service	vučna služba
towrope	uže za vuču
traffic jam	zastoj
traffic light(s)	semafor
trailer	prikolica
transmission	mjenjač
truck	kamion
trunk	prtljažnik
tube *(tire)*	zračnica, *(colloq)* šlauh
valve	zračnica, *(colloq)* ventil
warning triangle	signalni trokut
wheel	kotač, točak
wheel brace	križ kotača
windshield	vjetrobran
windshield wiper	brisač vjetrobrana
wrench	ključ za vijke

Airplane
Zrakoplov

At the Travel Agency/ At the Airport	U putničkoj agenciji/Na aerodromu
Where's the ... counter?	Gdje se nalazi šalter zrakoplovne tvrtke/kompanije ...?
When's the next flight to ...?	Kada polazi slijedeći zrakoplov (avion) za ...?
I'd like to make reservations for ... ... a one-way flight ... a roundtrip flight to ...	Htio (Htjela f) bih rezervirati ... ... let u jednom smjeru ... povratni let za ...
Are seats still available?	Ima li još slobodnih mjesta?
Are there charter flights, too?	Ima li i čarter-letova?
How much is an economy class/a first class flight?	Koliko stoji let u turističkom/prvom razredu?
What's the baggage allowance?	Koliko je prtljage besplatno?
How much does excess baggage cost per kilo?	Koliko stoji kilogram viška prtljage?
I'd like to cancel this flight/change my reservation.	Htio (Htjela f) bih otkazati/ promijeniti ovaj let.
When do I have to be at the airport?	Kada moram biti na aerodromu?
Where's the information desk/waiting area?	Gdje je šalter za informacije/ čekaonica?
Can I take this as carry-on baggage?	Mogu li ovo ponijeti kao ručnu prtljagu?
Is the plane to ... late?	Da li kasni zrakoplov (avion) za ...?
How late is it going to be?	Koliko kasni?
Has the plane from ... already landed?	Je li već sletio zrakoplov (avion) iz ...?

Last call. Passengers for ..., flight number ..., are requested to go to Gate ...

Posljednji poziv. Molimo putnike za ..., broj leta ..., da pođu na izlaz ...

On Board

U zrakoplovu

No smoking, please. Fasten your seat belts, please.

Molimo prestanite pušiti! Molimo vežite se!

What river/lake/ mountain range is that?

Koja/Koje/Koja je ovo rijeka/ jezero/planina?

Where are we now?

Gdje smo sada?

When do we land in ...?

Kada ćemo sletjeti u ...?

We'll be landing in about ... minutes.

Sletjet ćemo otprilike za ... minuta.

What's the weather like in ...?

Kakvo je vrijeme u ...?

Arrival

Dolazak

▶ (See also Chapter 9, Lost and Found.)

I can't find my baggage/ my suitcase.

Ne mogu naći svoju prtljagu/svoj kovčeg.

My baggage is missing.

Moja se prtljaga izgubila.

My suitcase has been damaged.

Moj je kovčeg oštećen.

Where can I report it?

Komu se mogu obratiti?

Where does the airport bus leave from?

Odakle polazi autobus za aerodrom?

Word List: Airplane ▶ See Also Word List: Train

air security tax	taksa na sigurnost leta
airline (company)	zrakoplovna (avionska) tvrtka
airliner	linijski zrakoplov/avion
airplane, aircraft	zrakoplov, avion
airport	aerodrom, zračna luka

airport bus/shuttle	aerodromski autobus
airport tax	aerodromska taksa/pristojba
aisle	hodnik
approach	slijetanje
arrival	dolazak
arrival time	vrijeme dolaska
baggage	prtljaga
carry-on baggage	ručna prtljaga
baggage cart	kolica za kofere
baggage check-in	otprema prtljage
baggage claim	izdavanje prtljage
baggage tag	privjesak s adresom
boarding pass	karta za ukrcaj
business class	poslovni razred
to cancel	otkazati
captain	kapetan
to change a reservation	promijeniti rezervaciju
charter plane	čarter-avion
to check in	prijaviti za kontrolu
connection	veza
counter	šalter
crew	posada
delay	zakašnjenje
destination	cilj puta
direct flight	direktni let
domestic flight	tuzemni let
duty-free shop	bescarinska trgovina, *(colloq)* djuti fri šop
economy class	ekonomski razred
emergency chute	tobogan za spasavanje
emergency exit	izlaz za nuždu
emergency landing	prinudno slijetanje
flight	let
flight plan	red letenja
gate	gat
helicopter	helikopter
international flight	inozemni let
jet plane	mlaznjak
to land	sletjeti
landing	slijetanje
last-minute flight	last minute-let
lifejacket	prsluk za spasavanje
nonsmoker	nepušači
on board	u zrakoplovu (avionu)

passenger	putnik
passenger ticket	zrakoplovna (avionska) karta
pilot	pilot
rear	krma
reservation	rezervacija
to reserve	rezervirati
route	relacija
runway	pista
scheduled departure	redovno polijetanje
seat belt	pojas za vezivanje
to fasten one's seat belt	vezati se
security control	kontrola sigurnosti
smoker	pušači
steward/stewardess	stjuard/stjuardesa
stopover, layover	međuslijetanje
takeoff, departure	polijetanje
window seat	sjedalo uz prozor

Train
Željeznica

**At the Travel Agency/
At the Railroad Station**

**U putničkoj agenciji/
Na kolodvoru**

A one-way ticket, second/first class, to ..., please.	Molim jednu kartu drugog/prvog razreda za ...
Two round-trip tickets to ..., please.	Molim dvije povratne za ...
Are there reduced fares for children/large families/students?	Ima li popusta za djecu/obitelji s više djece/studente?
I'd like to reserve a seat on the ... o'clock train to ...	Molim jednu rezervaciju za vlak u ... sati za ...
A window seat?	Mjesto kraj prozora?
I'd like a couchette/ sleeping car seat on the 8:00 P.M. train to ...	Htio (Htjela f) bih jedno mjesto u kušet-kolima/spavaćim kolima vlaka u dvadeset sati za ...
Is there a car train to ...?	Ima li neki auto-vlak za ...?

What's the charge for a car and four people?	Koliko stoji za jedan auto i četiri osobe?
I'd like to check this suitcase.	Htio (Htjela f) bih predati ovaj kovčeg kao osobnu prtljagu.
Where can I check my bike?	Gdje mogu predati bicikl?
Do you want to insure your baggage?	Hoćete li osigurati Vašu prtljagu?
Will the baggage be on the … o'clock train?	Ide li prtljaga vlakom u … sati?
When will it arrive in …?	Kada će stići u …?
Is the train from … running late?	Kasni li vlak iz …?
Is there a connection in … to … /to the ferry?	Imam li u … vezu za …/vezu na trajekt?
(Where) Do I have to change?	Gdje moram/Moram li presjedati?
Which track does the … train leave from?	S kojeg kolosijeka polazi vlak za …?
Train number … from … to … is now arriving on Track 1.	Vlak broj … iz … za … ulazi na prvi kolosijek.
Train number … from … is running ten minutes late.	Vlak broj … iz … kasni deset minuta.
Attention, passengers traveling to …! All aboard, please, and be sure to close the doors.	Pozor, putnici za …! Molimo uđite i zatvorite vrata.

On the Train ## U vlaku

Excuse me, is this seat free?	Oprostite, je li to mjesto još slobodno?
Can you help me, please?	Molim Vas možete li mi pomoći?
May I open/shut the window?	Smijem li otvoriti/zatvoriti prozor?

Excuse me, please. This is a nonsmoking compartment.	Oprostite, molim. Ovo je odjeljak za nepušače.
Excuse me, that's my seat. I have a reservation.	Oprostite, to je moje mjesto. Imam rezervaciju.
Tickets, please.	Vozne karte molim.
Any more tickets, please?	Je li još netko ušao?
Does this train stop in ...?	Staje li ovaj vlak u ...?
Where are we now?	Gdje smo sada?
How long are we stopping here?	Koliko stojimo ovdje?
Will we arrive on time?	Hoćemo li točno stići?

Word List: Train

► See also Word List: Airplane

auto train	auto-vlak
baggage	prtljaga
baggage car	kolica za prtljagu
baggage checkroom	garderoba
baggage counter	šalter za prtljagu
baggage locker	garderobni ormarić
baggage rack	polica za prtljagu
baggage stub	priznanica za prtljagu
car	vagon
large-capacity car	vagon bez odjeljaka
car number	broj vagona
compartment	odjeljak, *(colloq)* kupe
corridor	hodnik
couchette reservation	karta za kušet-kola
departure	odlazak
departure time	vrijeme odlaska
dining car	vagon-restoran
EC (Eurocity)	EC (EuroCity)
emergency brake	kočnica za nuždu
express	brzi vlak
fare	vozna cijena
high-speed train	vlak velikih brzina
IC (Intercity)	IC (InterCity)
ICE (Intercity Express)	ICE (InterCity Express)

Interrail	Interrail
lavatory	umivaonica
locomotive	lokomotiva
main railroad station	glavni kolodvor
nonsmoking compartment	odjeljak/kupe za nepušače
occupied	zauzet
porter, baggageman	nosač
railroad	željeznica
railroad station	kolodvor, željeznička postaja
reduction, discount	popust
reservation	rezerviranje
schedule, timetable	red vožnje
seat reservation	rezervacija za mjesto
sleeper reservation	karta za spavaća kola
smoking compartment	odjeljak/kupe za pušače
station restaurant	kolodvorski restoran
stop	zadržavanje
supplement, surcharge	nadoplata
subject to a surcharge	obvezna doplata
through coach	kursna kola
ticket	vozna karta
child's ticket	dječja karta
circular-tour ticket	kružna karta
group ticket	grupna karta
platform ticket	peronska karta
round-trip ticket	povratna karta
to buy a ticket on the train	dokupiti kartu
ticket counter/window	šalter za prodaju karata
ticket inspection/control	kontrola voznih karata
to arrive	stići
to get off/out	silaziti, sići
to get on, to board	ući
toilet, restroom	toalet, zahod
tourist guide (brochure)	red vožnje
track	kolosijek
train	vlak
fast train	brzi vlak
local train	ubrzani vlak
train crew	prateće osoblje vlaka
vacant	slobodan
waiting room	čekaonica
window seat	mjesto uz prozor

Ship
Brod

Information

Informacije

What's the best way to get to ... by ship?

Koja je najbolja veza brodom za ...?

From where/When does the next ship/ferry leave for ...?

Gdje/Kada polazi slijedeći brod/trajekt za ...?

How long does the crossing take?

Koliko traje prijevoz?

What ports do we call at?

Koje luke dotičemo?

When do we dock at ...?

Kada pristajemo u ...?

How long do we stop in ...?

Koliko se zadržavamo u ...?

I'd like a ticket to ...
   first class
   tourist class
   a single cabin
   a double cabin

Molim jednu brodsku kartu do ...
   prva klasa
   turistička klasa
   jednokrevetna kabina
   dvokrevetna kabina

I'd like a ticket for the round trip at ... o'clock.

Htio (Htjela f) bih jednu kartu za kružno putovanje u ... sati.

On Board

Na brodu

Excuse me, I'm looking for cabin number ...

Molim Vas, tražim kabinu broj ...

Can I have a different cabin?

Mogu li dobiti drugu kabinu?

Where's my suitcase/my baggage?

Gdje je moj kovčeg/moja prtljaga?

Where's the dining room/lounge?

Gdje je blagovaonica/salon?

When are meals served?

Kada se servira jelo?

Steward, would you please bring me ...	Stjuard, molim Vas donesite mi ...
I don't feel well.	Ne osjećam se dobro.
Call the ship's doctor, please.	Molim Vas pozovite brodskog liječnika!
Could you give me something for seasickness, please.	Molim Vas neko sredstvo protiv morske bolesti.

Word List: Ship ▶ See also Word Lists: Airplane, Train

anchor	sidro
bow	pramac
cabin	kabina, kajita
inside cabin	unutarnja kabina
outside cabin	vanjska kabina
captain	kapetan
car ferry	trajekt
coast	obala
course	kurs
crew	posada
crossing, passage	prijevoz
cruise	krstarenje
deck	paluba
intermediate deck, 'tween deck	međupaluba
dock	pristanište
excursion	izlet
shore excursion	izlet na kopno
gangway, gangplank	mostić za pristajanje
harbor, port	luka
hovercraft	hidrogliser, lebdjelica
hydrofoil	hidrokrilac
life jacket	prsluk za spasavanje
life preserver	pojas za spasavanje
lifeboat	čamac za spasavanje
lighthouse	svjetionik
mainland, dry land	kopno
motorboat	motorni čamac
on board	na brodu
passenger	putnik
port (left side of ship)	lijevi bok
port charges, dockage	lučka taksa

promenade deck	šetališna paluba
quay, pier, dock	kej
reservation	rezervacija, predbilježba
round trip, circle trip	kružno putovanje
rowboat	čamac na vesla
rudder	veslo
sailboat	jedrilica
seasick	bolestan od morske bolesti
starboard	desni bok
steamer, steamship	parobrod
stern	krma
steward	stjuard
sun deck	paluba za sunčanje
ticket	vozna karta
to call at	doticati, pristajati
to disembark	iskrcati
to dock at, to land at	pristati u
to set sail, to put to sea	isploviti
waves *(state of the sea)*	valovi *(m, pl)*
yacht	jahta

At the Border
Na granici

<table>
<tr><td colspan="2">Passport Check</td><td>Kontrola putovnica (pasoša)</td></tr>
<tr><td>Your passport, please.</td><td></td><td>Molim Vašu putovnicu!</td></tr>
<tr><td>Your passport has expired.</td><td></td><td>Vaša putovnica/Vaš pasoš više ne važi.</td></tr>
<tr><td>I'm with the tourist party from …</td><td></td><td>Pripadam suputnicima iz …</td></tr>
<tr><td>Could I see the … for your dog/your cat, please?</td><td></td><td>Mogu li pogledati … za Vašeg psa/Vašu mačku?</td></tr>
<tr><td></td><td>official veterinary health certificate</td><td>veterinarsko zdravstveno uvjerenje</td></tr>
<tr><td></td><td>rabies vaccination certificate</td><td>potvrdu o cijepljenju protiv bjesnoće</td></tr>
<tr><td>Do you have a visa?</td><td></td><td>Imate li vizu?</td></tr>
<tr><td>Can I get a visa here?</td><td></td><td>Mogu li ovdje dobiti vizu?</td></tr>
</table>

Customs

Cąrinska kontrọla

Do you have anything to declare?	Ịmate li nešto prijạviti?
No, I only have a few gifts.	Ne, imam samo nẹkoliko pọklona.
Pull over to the right/left, please.	Izvọlite s kọlima u desno/lijẹvo.
Open the trunk/this suitcase, please.	Izvọlite otvọriti pṛtljažnik/ovaj kovčeg.
Do I have to pay duty on this?	Moram li za ovo plạtiti cạrinu?
How much duty do I have to pay?	Kọliko cạrine moram plạtiti?

Word List: At the Border

border crossing	grạnični prijẹlaz
customs, (customs) duty	cạrina
customs inspection	cạrinska kontrọla
customs office	carinạrnica
customs official	cạrinik
date of birth	datum rođẹnja
departure, exit (from a country)	ịzlazak
driver's license	vọzačka dọzvola
dutiable, liable to duty	ọbvezno se cạrini
duty, customs duties	cạrinske prịstojbe
duty-free	oslọbođen cạrine
entry (into a country)	ụlazak u zemlju
export	izvoz
first name	ime
green insurance card	zẹlena karta osigurạnja
identity card	ọsobna iskaznica
child's identity card	dječja ịskaznica
import	uvoz
international vaccination certificate	međunạrodna pọtvrda o cijẹpljenju
maiden name	djẹvojačko prẹzime
marital status	bračno stanje
married	ọženjen (m), ụdata (f)
nationality	dṛžavljanstvo

nationality plate	oznaka države
passport	putovnica
passport control	kontrola putovnica/pasoša
place of birth	mjesto rođenja
place of residence	prebivalište
rabies	bjesnoća
regulations	propisi
single	neoženjen *(m)*, neudata *(f)*
surname, last name	prezime
valid	važeći
visa	viza
widower/widow	udovac *(m)*, udovica *(f)*

Local Transportation
Mjesna prometna vozila

Which bus/streetcar goes to ...?	Koji autobus/tramvaj vozi u ...?
Excuse me, where's the nearest ...	Molim Vas gdje je najbliža ...
bus stop?	autobusna stanica?
streetcar stop?	tramvajska stanica?
Which line goes to ...?	Koja linija vozi do ...?
Is this the right bus for ...?	Je li to pravi autobus za ...?
When/From where does the bus leave?	Kada/Gdje polazi autobus?
Which direction should I take?	U kojem se pravcu moram voziti?
How many stops is it?	Koliko su to stanica?
Where do I get off/ transfer?	Gdje moram sići/presjedati?
Would you tell me when we're there, please?	Molim Vas recite mi kad moram sići?
Where can I buy a ticket?	Gdje mogu kupiti kartu?
A ticket to ..., please.	Molim jednu kartu do ...
Are there books of tickets/weekly tickets?	Ima li karneta/tjednih karata?

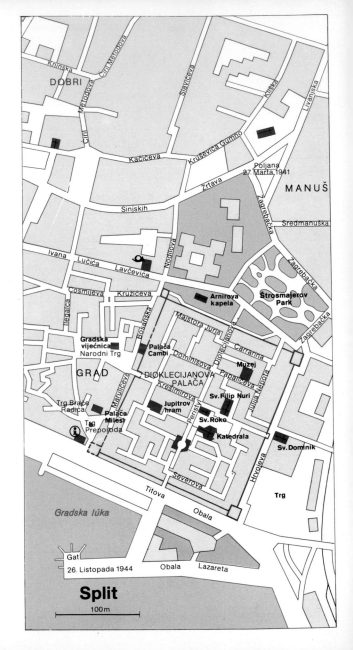

Split

100m

Dubrovnik
Stari grad

PILE

Uspinjača
(Brdo Sdr)

Franjevački
samostan

Dominikanski
samostan

Tvrdjava

Revelin

Prijeko

Brsalje
Samostan
Sv. Klare

Palača
Sponza

Kula
Sv. Luke

Placa

Tvrdjava
Boka

Izmedju Polača

Sv. Vlaho

Gradska
lúka

Puča

Kaše

Knežev
Dvor

Muzej
Rupe

Gundulićeva
Poljana

Marina Držića

Velika
Gospa

Biskupski
dvor

Tvrdjava
Sv. Ivana

Jezuitska
crkva

Jezuitski
samostan

Kula
Sv. Margarite

100 m

1 Vrata Pile	7 Muzej ikona	12 Crkva Dominikana
2 Onofrijeva cesma	8 Aquarium, Mornaricki	13 Crkvica Navjestenja
3 Sv. Spas	muzej, Etnografski muzej	14 Vrata od Ploča
4 Crkva Male Brace	9 Gradska vijecnica	15 Kula Asimov
5 Crkva Svih Svetih	10 Gradski zvonik	16 Orlandov Stup
6 Srpsko- pravoslavna crkva	11 Sv. Nikola	

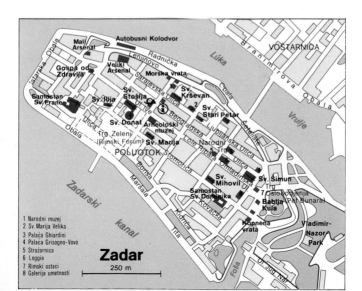

Mali
Arsenal

Autobusni Kolodvor

VOSTARNICA

Gospa od
Zdravlja

Veliki
Arsenal

Morška vrata

Samostan
Sv. Frane

Sv. Ilija

Sv.
Stošija

Sv.
Krševan

Sv.
Stari Petar

Sv. Donat

Arheološki
muzej

Trg Zeleni
(Rimski Forúm)

Sv. Marija

POLUOTOK

Sv.
Mihovil

Sv. Simun

Samostan
Sv. Dominika

BabIja
Kula

Kopnena
vrata

Vladimir-
Nazor
Park

Zadar

250 m

1 Narodni muzej
2 Sv. Marija Velika
3 Palača Ghiardini
4 Palača Grisogno-Vovó
5 Stražarnica
6 Loggia
7 Rimski ostaci
8 Galerija umetnosti

Taxi

Taksi

Where's the nearest taxi stand?	Gdje je najbliže taksi-stajalište?
To the railroad station/ train station.	Na kolodvor.
To the ... Hotel.	U hotel ...
To ... Street.	U ... ulicu.
To ..., please.	Do ..., molim.
How much will it cost to ...?	Koliko stoji do ...?
Stop here, please.	Stanite ovdje, molim.
Would you wait, please? I'll be back in five minutes.	Pričekajte, molim. Vraćam se za pet minuta.
This is for you.	Ovo je za Vas.

On Foot

Pješice

Excuse me, please, where is ...?	Molim Vas, gdje je ...?
Can you tell me how to get to ..., please?	Možete li mi reći kako mogu doći do ...?
I'm sorry, I don't know.	Žalim, to ne znam.
What is the shortest way to ...?	Koji je najkraći put za/do ...?
How far is it to ...?	Koliko je daleko do ...?
It's a long way. (It's not far.)	Daleko je. (Nije daleko.)
It's very close.	Vrlo je blizu.
Go straight ahead/left/ right.	Pođite ravno/lijevo/desno.

The first/second street on the left/right.	Prva/Druga ulica lijevo/desno.
Go across the bridge/the square/the street.	Pređite most/trg/ulicu.
Then ask again.	Onda pitajte još jednom.
You can't miss it.	Ne možete pogriješiti.
You can take ...	Možete ići ...
the bus	autobusom.
the streetcar	tramvajem.
the commuter train	gradskom željeznicom.
the trolley-car	trolejbusom.

Word List: On the Go in Town

building	zgrada
bus	autobus
bus station/depot	autobusni kolodvor
center of town	centar grada
church	crkva
city bus	gradski autobus
city sightseeing tour	obilazak grada
cog railroad	zupčasta željeznica
commuter train, suburban train	gradska željeznica
conductor	kondukter
departure	polazak
direction	pravac
downtown	centar grada
driver	vozač

end of the line	posljednja postaja
fare	vozna cijena
flat rate	paušalna cijena
house	kuća, dom
house number	kućni broj
inspector	kontrolor
interurban bus	međugradski autobus
lane, alley	ulica
local train	mjesni vlak
main street	glavna ulica
monthly (commuter's) ticket	mjesečna karta
park	park
part of town, quarter	dio grada
pedestrian zone	pješačka zona
price per kilometer	cijena po kilometru
receipt	priznanica
schedule, timetable	red vožnje
side street	sporedna ulica
sidewalk	pločnik
stop	stajalište, postaja
street	ulica
streetcar	tramvaj
suburb	predgrađe
taxi	taksi
group taxi	sabirni taksi
taxi driver	taksist
taxi stand	taksi-stajalište
ticket	karta, vozna karta
one-day ticket, rover ticket	dnevna karta
season (weekly, monthly, annual) ticket	vremenski ograničena karta
weekly ticket	tjedna karta
ticket canceling machine	poništavač voznih karata
ticket vending machine	automat za vozne karte
tip	napojnica, *(colloq)* tringelt, bakšiš
to buy	kupiti
to call (out)	objaviti
to cancel	poništiti
to depart, to leave	polaziti
to get off/out	sići
to get on	ući
to press the button	pritisnuti dugme
to stop	stati
trolley car	trolejbus

4 Accommodations
Smještaj

Information
Informacije

Can you recommend ..., please?	Molim Vas možete li mi preporučiti ...
a good hotel	dobar hotel?
a modestly priced hotel	skroman hotel?
a guest house	neki penzion?
a bed and breakfast place	neku privatnu sobu?
Is it centrally located/ quiet/near the beach?	Da li leži centralno/mirno/blizu plaže?
About how much will it cost a night?	Koliko će otprilike stajati jedno noćenje?
Is there a youth hostel/a campground here?	Ima li ovdje omladinsko svratište/kamp?

Hotel/Guest House/Bed and Breakfast
Hotel/Penzion/Privatna soba

At the Reception Desk U recepciji

I have a room reservation here. My name is ...	Rezervirao sam kod Vas sobu. Moje ime je ...
Do you have any vacancies?	Imate li još slobodnih soba?
... for one night.	... za jednu noć.
... for two days/a week.	... za dva dana/jedan tjedan.
No, I'm afraid we're full up.	Ne, na žalost, sve je popunjeno.
Yes, what kind of room would you like?	Da, kakvu sobu želite?
a single room	jednokrevetnu sobu
a double room	dvokrevetnu sobu
a double room, but not with a double bed, please	dvokrevetnu sobu, ali molim ne s francuskim krevetom

a quiet room	mirnu sobu
a sunny room	sunčanu sobu
with running hot and cold water	s tekućom hladnom i toplom vodom
with a shower	s tušem
with a bath	s kupaonicom
with a balcony/terrace	s balkonom/terasom
with an ocean view	s pogledom na more
facing the street	prema ulici
facing the (inner) courtyard	prema dvorištu

Can I take a look at the room?

Mogu li pogledati sobu?

I don't like this room. Show me another one, please.

Ova mi se soba ne sviđa. Pokažite mi neku drugu.

This room is very nice. I'll take it.

Ova je soba vrlo lijepa. Uzimam je.

Can you put a third bed/a crib in the room?

Možete li još staviti treći krevet/dječji krevet?

How much is the room with ...

Koliko košta soba s ...

   breakfast?

   doručkom?

   breakfast and one principal meal?

   polupenzionom?

   full board?

   punim penzionom?

Would you fill out the registration form, please?

Izvolite popuniti prijavnicu.

May I see your passport/identity card, please?

Mogu li pogledati Vašu putovnicu (Vaš pasoš)/Vašu osobnu kartu?

Please have the bags taken to my room.

Molim Vas pošaljite prtljagu u moju sobu.

Where can I park the car?

Gdje mogu smjestiti kola?

In our garage./In our parking lot.

U našoj garaži./Na našem parkiralištu.

Does the hotel have a swimming pool/a private beach?

Ima li hotel bazen/vlastitu plažu?

Talking to the Hotel Staff	Razgovori s hotelskim osobljem
What time is breakfast?	Od kada se daje doručak?
When are lunch and dinner served?	Kada je vrijeme obroka?
Where is the dining room?	Gdje je blagovaonica?
Where is breakfast served?	Gdje se može doručkovati?
Downstairs.	Jedan kat niže.
Would you like breakfast in your room?	Treba li Vam doručak poslati u sobu?
I'd like breakfast in my room at … o'clock, please.	Molim Vas pošaljite mi u … sati doručak u sobu.

For breakfast I'd like …   Za doručak ću uzeti …
   black coffee.   crnu kavu.
   bread/rolls/toast.   kruh/žemičku/tost.
   butter.   maslac, (*colloq*) putar.
   cheese.   sir.
   cocoa (hot chocolate).   kakao (čokolada).
   coffee with milk.   bijelu kavu.
   a croissant.   roščić, (*colloq*) kiflu.
   decaffeinated coffee.   kavu bez kofeina.
   eggs and bacon.   jaja sa slaninom.
   fruit juice.   voćni sok.
   ham.   šunku.
   herbal tea.   biljni čaj.
   honey.   med.
   jam/marmalade.   marmeladu.
   sausage.   kobasicu.
   scrambled eggs.   kajganu.
   a soft-boiled egg.   meko kuhano jaje.
   some fruit.   malo voća.
   tea with milk/lemon.   čaj s mlijekom/limunom.
   yogurt.   jogurt.

Could you pack a lunch for me tomorrow?	Mogu li za sutra dobiti lanč-paket?
Please wake me at ... o'clock tomorrow morning.	Molim Vas probudite me ujutro u ... sati.
Could you bring me ..., please?	Molim Vas hoćete li mi donijeti ...?
another (hand) towel	još jedan ručnik
a bar of soap	jedan sapun
some coat hangers	nekoliko vješalica
How does ...work?	Kako radi ...?
My key, please.	Molim moj ključ.
Did anyone ask for me?	Je li netko pitao za mene?
Is there any mail for me?	Ima li pošte za mene?
Do you have postcards/ stamps?	Imate li dopisnica/maraka?
Where can I mail this letter?	Gdje mogu ubaciti ovo pismo?
Where can I rent/ borrow ...?	Gdje mogu unajmiti/posuditi ...?
Where can I make a phone call?	Gdje mogu telefonirati?
Can I leave my valuables in your safe?	Mogu li svoje vrijedne stvari dati u Vaš sef?
Can I leave my things here until I come back?	Mogu li ovdje ostaviti svoje stvari dok se ne vratim?

Complaints

Pritužbe

The room hasn't been cleaned.	Soba nije počišćena.
The shower ...	Tuš ...
The toilet ...	Ispiranje ...
The heating ...	Grijanje ...
The light ...	Svjetlo ...
The radio ...	Radio ...
The television ...	Televizor ...
doesn't work.	ne radi.

The faucet drips.	Slavina kaplje.
There's no (warm) water.	Nema (tople) vode.
The toilet/The sink is stopped up.	Zahod/Umivaonik je začepljen.
The window won't close/open.	Prozor se ne da zatvoriti/otvoriti.
The key doesn't fit.	Ključ ne pristaje (*colloq* ne paše).

Departure — Odlazak

I'm leaving this evening/ tomorrow at … o'clock.	Putujem večeras/sutra u … sati.
By what time do I have to be out of the room?	Do kada moram isprazniti sobu?
I'd like the bill, please.	Molim Vas pripremite mi račun.
Separate bills, please.	Molim Vas posebne račune.
Do you accept American money/traveler's checks?	Primate li američki novac/putničke čekove?
Please forward any mail to this address.	Molim Vas šaljite još pristiglu poštu na ovu adresu.
Please have my bags brought down.	Molim Vas da moju prtljagu donesu dolje.
Please have my bags taken to the train station/airport.	Molim Vas da moju prtljagu odnesu na kolodvor/aerodrom.
Would you call a taxi for me, please?	Molim Vas pozovite mi taksi.
Thank you very much for everything. Good-bye!	Hvala lijepa na svemu. Do viđenja.

Word List: Hotel/Guest House/Bed and Breakfast

adapter (plug)	međuutikač
air conditioning	klimatizacija
armchair	stolica
ashtray	pepeljara
babysitting	čuvanje djece
balcony	balkon

bathroom	kupaonica
bathtub	kada
bed	krevet
bed linen	posteljina
bedside lamp	noćna svjetiljka, *(colloq)* lampa
bedside table	noćni ormarić
bidet	bide
breakfast	doručak
breakfast and one principal meal, half board	polupenzion
breakfast buffet	bife za doručak
breakfast room	sala za doručak
category	kategorija
chambermaid	sobarica
change of bed linen	promjena rublja
children's playground	dječje igralište
to clean	čistiti
closet, cupboard	ormar
coat hanger	vješalica
crib, child's bed	dječji krevet
dining room	blagovaonica
diner where grilled foods are served	večer uz roštilj
dinner	večera
doorman	vratar, portir
duvet	pokrivač, deka
elevator	dizalo, lift
extension cord	produžni kabel
extra week, one-week extension	dodatni tjedan
fan	ventilator
floor, story	kat
full board	puni penzion
guest house *(small hotel or boarding house in Europe)*	penzion
hand towel	ručnik
heating	grijanje
high season, peak season	glavna sezona
hotel bar	noćni bar
key	ključ
lamp	svjetiljka, *(colloq)* lampa

light switch	prekidač
lounge	dnevni boravak
lunch	ručak
mattress	madrac
minibar	mini-bar
mirror	ogledalo
motel	motel
off season, low season	posezona
off season, preseason	predsezona
overnight accommodation	noćenje
pillow	jastuk
neckroll *(pillow)*	uzglavnik
plug	utikač
pool bar	bazenski bife
program of entertainment	zabavni program
radio	radio *m*
reception	predvorje, recepcija
registration	prijava
reservation	rezervacija
room	soba
room and board	hrana i stan
safe	sef
sheet	plahta
shower	tuš
sink	umivaonik
telephone in one's room	sobni telefon
television	televizor
television room	salon za televiziju
terrace	terasa
toilet	zahod, toalet
toilet paper	toaletni papir
transfer bus	autobus za transfer
wading pool	dječji bazen
wall socket, outlet	utičnica
wastepaper basket	košara za otpatke
water	voda
cold water	hladna voda
warm water	topla voda
water faucet, tap	slavina
water glass	čaša za vodu
window	prozor
wool blanket	deka

Vacation Rentals: Houses/Apartments
Turistične kuće/Apartmani

Is electricity/water included in the rent?	Je li potrošak struje/vode uračunat u najamninu?
Are pets allowed?	Je li dopušteno za domaće životinje?
Where can we pick up the keys for the house/apartment?	Gdje ćemo dobiti ključeve od kuće/stana?
Do we have to return them to the same place?	Da li ih moramo tamo i predati?
Where are the trash cans?	Gdje se nalaze kontejneri za smeće?
Do we have to clean it ourselves before we leave?	Moramo li sami počistiti na kraju?

Word List: Vacation Rentals: Houses/Apartments

▶ See also Word List: Hotel/Guest House/Bed and Breakfast

apartment	apartman
bedroom	spavaća soba
brochure	prospekt
bungalow	bangalo, *(colloq)* bungalov
bunk bed	krevet na kat
central heating	centralno grijanje
cleaning before departure, final cleaning	čišćenje na kraju
coffee machine, coffeemaker	stroj za kuhanje kave
day of arrival	dan dolaska
dishtowel	kuhinjska krpa
dishwasher	stroj za pranje posuđa
electricity	struja
flat rate for electricity	paušal za struju
extras, additional expenses	sporedni troškovi
garbage, trash	smeće
handover/transfer of keys	predaja ključeva

homeowner, landlord	kućevlasnik
kitchenette	niša za kuhanje
living room	dnevna soba
nook or alcove for informal meals	prostor za jelo
pets	domaće životinje
refrigerator	hladnjak
rent	najam
to rent	iznajmiti
stove	štednjak
electric stove	električni štednjak
gas stove	plinski štednjak
studio apartment	studio *(m)*
studio couch	kauč za spavanje
toaster	pekač, *(colloq)* toster
tourist facility, vacation spot	turističko naselje
vacation house, cottage	turistička kuća
voltage	napon struje
washing machine	stroj za pranje rublja
water consumption	potrošak vode

Camping

Kempiranje

Is there a campground nearby?	Ima li u blizini neki kamp?
Do you have room for another camper/tent?	Imate li još mjesta za kamp-kućicu/šator?
How much does it cost per day and person?	Kolika je tarifa po osobi na dan?
What's the charge for ...	Kolika je tarifa za ...
the car?	auto?
the camper/motor home?	kamp-kućicu/auto-karavan?
the tent?	šator?
Do you rent cottages/campers?	Iznajmljujete li turističke kuće/kamp-kućice?
Where can I park my camper/pitch my tent?	Gdje mogu postaviti kamp-kućicu/razapeti šator?

We'll be staying for … days/weeks.	Ostajemo … dana/tjedna.
Is there a grocery store here?	Ima li ovdje trgovina namirnicama?
Where are the … toilets? washrooms? showers?	Gdje su … zahodi? umivaonice? tuševi?
Is there an electrical hookup here?	Ima li ovdje priključak na struju?
Do you have 220 volts or 110?	Imate li 220 ili 110 volti?
Where can I exchange/ rent gas bottles?	Gdje mogu zamijeniti/unajmiti plinske boce?
Is the campground guarded at night?	Je li kamp čuvan noću?
Is there a children's playground here?	Ima li ovdje dječje igralište?
Could you lend me …, please?	Molim Vas možete li mi posuditi …?

Youth Hostel

Omladinsko svratište

Can I rent bed linen/a sleeping bag from you?	Mogu li kod Vas unajmiti posteljinu/ vreću za spavanje?
The front door is locked at midnight.	Ulazna vrata zatvaraju se u 24 sata.

Word List: Camping/Youth Hostel

to borrow	pozajmiti
to camp out, to tent	kempirati
camper	kamp-kućica, karavan
campground, camping site	kemp, *(colloq)* kamp
camping	kampiranje
camping card	iskaznica za kemp, *(colloq)* kamp
camping guide	vodič za kempove

children's playground	dječje igralište
dayroom	dnevni boravak
dormitory	spavaonica, višekrevetna soba
dryer	sušilo za rublje
electrical hookup	priključak na struju
electricity	struja
farm	seljačko imanje
fee for the use of s.th.	pristojba za korišćenje
gas bottle/cylinder	plinska boca
gas cartridge	plin u limenki
gas stove	kuhalo na plin
hostel wardens	domaćini svratišta
kerosene lamp	petrolejska svjetiljka, *(colloq)* lampa
to lend	posuditi
lounge, common room	društvena prostorija
membership card	članska karta
motor home	auto-karavan
plug	utikač
propane gas	propan-plin
rental fee	pozajmnina
reservation, advance booking	najava
sink	sudoper
sleeping bag	vreća za spavanje
sleeping bag (cloth)	platnena vreća za spavanje
stove (camp)	kuhalo, *(colloq)* rešo
students' residence, dorm	studentski dom
tent	šator
tent peg	klin za šator
tent pole	šatorska motka
tent rope	šatorski konop
wall socket	utičnica
washroom	umivaonica
water	voda
drinking water	pitka voda
water canister	vjedro, *(colloq)* kanta za vodu
youth group	omladinska grupa
youth hostel	omladinsko svratište
youth hostel card	iskaznica za omladinsko svratište
youth hostel guidebook	vodič u omladinskom svratištu

5 **Eating and Drinking**
Gastronọmija

Eating Out

Izlazak na ručak

Is there … here?	Gdje se nalazi …
a good restaurant	neki dobar restoran?
a typical restaurant *(with local specialties)*	neki tipični restoran?
an inexpensive restaurant	neki jeftiniji restoran?
Where can one get a good/an inexpensive meal in this neighborhood?	Gdje se može u blizini dobro/jeftino jesti?

Terms Used for Croatian Restaurants

restaurant/restoran/restauracija – *corresponds to the international idea of a restaurant, with extensive offerings of food and drink.*

kavana – *roughly equivalent to a European-style café. In addition to coffee, other refreshments, alcoholic beverages, and cakes and pastries are served.*

gostionica/krčma – *inn or pub-style restaurant featuring homemade dishes and all kinds of beverages.*

bife/buffet – *roughly equivalent to a snack bar, luncheonette, or fast-food outlet.*

konoba – *typical of the Dalmatian coast; offers homemade dishes and seafood, as well as all kinds of beverages.*

At the Restaurant

U restoranu

Would you reserve us a table for four for this evening, please?	Molim Vas rezervirajte nam za čvečeras stol za četiri osobe.
Until what time does your kitchen serve hot meals?	Do kada se kod Vas dobiju topla jela?

Is this table/seat free?	Je li ovaj stol još slobodan/ovo mjesto još slobodno?
A table for two/three, please.	Jedan stol za dvlje/tri osobe, molim.
Where are the restrooms, please?	Gdje su ząhodi? Gdje je WC (ve-ce)?
This way, please.	Izvolite ovúda.

Ordering ▶ See also Chapter 4.
Narudžba

Waiter/Waitress, could I have …	Konobar/konobarice, molim …
the menu.	jelovnik.
the list of beverages.	kartu s pićima.
the wine list, please.	vinsku kartu.
What can you recommend?	Što mi možete preporučiti?
Do you have vegetarian dishes/diet foods?	Imate li vegetarijanskih jela/dijętne hrane?
Are children's servings available?	Ima li i dječjih porcija?
Are you ready to order?	Jeste li već iząbrali?
What would you like as an appetizer/for dessert?	Što ćete uzeti za pręedjelo/desert?
I'll have …	Uzet ću …
As an appetizer/for dessert/as a main course, I'll have …	Kao pręedjelo/desert/glavno jelo uzet ću …
I don't want an appetizer, thank you.	Hvala, ne bih htio (htjela f) pręedjelo.
I'm afraid we're out of …	Na žalost nęmamo (više) …
That dish has to be ordered in advance.	To jelo serviramo samo po narudžbi.
Could I have … instead of …?	Mogu li dobiti … umjesto …?

... doesn't agree with me; could you make the dish without ...?	Ne podnosim ..., možete li mi pripraviti jelo bez ...?
How would you like your steak?	Kakav biste odrezak željeli?
well-done	dobro pečen
medium-rare	polupečen
rare	na engleski način
What would you like to drink?	Što želite piti?
A glass of ..., please	Molim čašu ...
A bottle (A half bottle) of ..., please	Molim bocu ... (pola boce ...)
With ice, please.	Molim s ledom.
Bon appetit!	Dobar tek!
Would you like anything else?	Želite li još nešto?
Bring us ..., please.	Molim Vas donesite nam ...
Could we have some more bread/water/wine, please?	Možemo li dobiti još malo kruha/vode/vina?

Complaints
Pritužbe

We need another ..., please.	Ovdje nedostaje jedan/jedno jedna ...
Did you forget my ...?	Jeste li zaboravili moj/moje moju ...
I didn't order that.	To nisam naručio.
The food is cold/too salty.	Jelo je hladno/preslano.
The meat is tough/too fat(ty).	Meso je žilavo/premasno.
The fish isn't fresh.	Riba nije svježa.
Take it back, please.	Vratite ovo, molim.
Ask the manager to come here, please.	Molim pozovite šefa.

The Check
Račun

May I have the check, please?	Plątiti, molim.
The check, please. We're in a hurry.	Molim račun. Žųrimo se.
All on one check, please.	Molim sve ząjedno.
Separate checks, please.	Molim pǫsebne račųne.
Is everything included? Is service/the cover charge included?	Je li sve ųračunato? Je li servis/kuver ųračunat?
There seems to be a mistake in the check.	Čini mi se da račun nije točan.
I didn't have that. I had …	Ovo nisam ịmao. Ịmao sam …
Did you enjoy your meal?	Je li prijalo?
The meal was excellent.	Jelo je bilo ǫdlično.
This is for you.	Ovo je za Vas.
Keep the change.	U redu.

As a Dinner Guest
Poziv na ručak/Ručak u društvu

Thank you very much for the invitation.	Hvala lijępa na pǫzivu!
Help yourself!	Izvǫlite!
To your health!	Nạ zdravlje!
Could you pass me the …, please?	Molim Vas mǫžete li mi dǫdati …?
Would you like some more …?	Još nešto …?
No, thank you. That was plenty.	Hvala, bilo je dǫvoljno.
I'm full, thanks.	Sit sam, hvala.
Do you mind if I smoke?	Smijem li pụšiti?

Word List: Eating and Drinking

► See also Chapter 8, Word List: Groceries

ajvar *(pepper-eggplant relish/spread)*	ajvar
appetizer, first course	predjelo
ashtray	pepeljara
au gratin	prepržen
baked	pečen
bar	bar
barrel	bačva
bay leaf	lovor
beer	pivo
on tap/on draft	iz bačve
boiled	kuhan
bone	kost *(f)*
bowl	zdjela
braised	pirjan
bread	kruh
breakfast	doručak, zajutrak

butter	maslac, *(colloq)* putar
carafe	staklenka
caraway	kim
child's portion/serving	dječja porcija
cloves	klinčići
coffeepot	kavnik
cold	hladan
cook	kuhar
to cook	kuhati
corkscrew	vadičep
course	red jela
cover *(table setting)*	pribor za jelo
cup	šalica
dessert	desert
diabetic	dijabetičar
diet food	dijetna hrana
dinner	večera
dish (food)	jelo
done (cooked)	kuhan
drink, beverage	piće
eggcup	čašica za jaje
fat	mast
filled	punjen
filling	nadjev, *(colloq)* fil
fishbone	riblja kost *(f)*
food	jelo
fork	viljuška, vilica
French fries	pomfrit
fresh	svjež
garlic	češnjak, bijeli luk
glass	čaša
water glass	čaša za vodu
wineglass	čaša za vino
grill	roštilj
hard	tvrd
herbs	začinske trave
homemade	domaći
hot	vruć
to be hungry	biti gladan
juicy	sočan
ketchup	kečap
knife	nož
lean	krt
lemon	limun

lunch	ručak
main course	glavno jelo
mayonnaise	majonęza
meat	meso
well-done	dobro pečen
menu	jęlovnik
mustard	sląčica, *(colloq)* senf
napkin	ubrus, *(colloq)* salvęta
nonalcoholic	bęzalkoholan
noodles	reząnci
nutmeg	ǫrašac
oil	ulje
olive oil	mąslinovo ulje
olives	mąsline
onion	luk
order	nąrudžba
to order	nąručiti
pan-fried dish	jelo iz tave
paprika	pąprika
parsley	peršin
pepper	papar, biber
pepper shaker	bibęrnica
plate	tanjur
portion, serving	pǫrcija
potatoes	krumpįri
raw, uncooked	prijęsan, sirov
rice	riža
roasted	pečen, pržen
in a pan	u tavi
on the grill	na žaru
on the spit	na ražnju
saccharine	sahąrin
salad	saląta
to dress *(salad)*	začįniti
salad bar	tezga sa salątama
salad dressing	ųmaci za salątu
salt	sol *(f)*
salt shaker	sǫljenka
sauce, gravy	umak, *(colloq)* sos
saucer	tanjųrić
to season	začįniti
seasoning	začin
to serve oneself	poslųžiti se
set meal/menu	menį

set meal of the day	dnevni meni
side dish	prilog
silverware	pribor za jelo
slice	kriška
smoked	dimljen
soft	mek(an)
soup bowl	tanjur za juhu
sour	kiseo
special dish of the day	jelo dana
specialty	specijalitet
spicy	ljut
spoon	žlica
spot	mrlja
steamed	kuhan u pari
stewed	pirjan, *(colloq)* dinstan
straw	slamka
stuffed	punjen
sugar	šećer
sweet	sladak
tablecloth	stolnjak
tableware	pribor za jelo
taste	ukus
to taste, to try	kušati, *(colloq)* probati
teapot	čajnik
teaspoon	žličica za čaj
tender	mekan
tip	napojnica, *(colloq)* tringelt
toothpick	čačkalica
tough	žilav
to uncork	otčepiti
vegetarian	vegetarijanski
vinegar	ocat, *(colloq)* kvasina
Waiter *(form of address)*	konobar
waiter/waitress	konobar/ica
water	voda
wine	vino
dry *(wine)*	suh

Jelovník

Menu

Predjela	Appetizers
dalmatinski pršut	Dalmatian ham
fileki, tripice	tripe
francuska salata	French salad
hladni pladanj	assorted cold cuts
hrenovke	frankfurters
jetrena pašteta	liverwurst
kobasica	sausage
kuhana šunka	boiled ham
mozak s jajetom	brains with eggs
pečena kobasica	grilled sausage
pečurke na žaru	grilled mushrooms
punjene rajčice	stuffed tomatoes
salama	salami
sardine u ulju	sardines in oil
šunkarica	ham salami
tlačenica	headcheese

Juhe	Soups
goveđa juha	beef bouillon
gulaš-juha	goulash soup
krepka juha	consomme
juha od graha	bean soup
juha od krumpira	potato soup
juha od povrća	vegetable soup
juha od rajčica	tomato soup
pileća krem-juha	cream of chicken soup
riblja juha	fish soup
teleća ragu-juha	veal ragout

Ribe i ljuskari

bakalar
brancin/lubin
dagnje
dimljen
jastog
lešo, kuhan
lignja, sipa
losos
mariniran
moruna
na žaru
orada
oslić
ostrige
pastrva
pohan
pržen
rak
šaran
skuša
sleđ
som
srdelica
štuka
tuna
zubatac

Fish und Shellfish

cod
sea bass
mussels
smoked
lobster
poached
squid
salmon
marinated
sturgeon
grilled
gilthead
hake
oysters
trout
breaded
roasted
crayfish
carp
mackerel
herring
freshwater catfish
anchovy
pike
tuna
dentex

Mesna jela

bečki odrezak	Wiener schnitzel
bubrezi	kidneys
engleski rostbif	English-style roast beef
goveđi gulaš	beef goulash
kuhana govedina	boiled beef
naravni odrezak	veal scallop
odojak na ražnju	suckling pig roasted on the spit
pečena janjetina	roast lamb
pirjana govedina	braised beef
pržolica s lukom	pan-fried steak with onions
punjena teleća prsa	stuffed breast of veal
svinjski gulaš	pork goulash
svinjski kotlet	pork chop/cutlet
teleća jetra na žaru	grilled calf's liver
teleće pečenje	roast veal

Meat Dishes

Narodna jela

brodet na dalmatinski način	fish stew, Dalmatian style
dalmatinska paštičada	marinated beef, Dalmatian style
ovčetina na lički način	mutton, Lika style
pašta-fažol	bean soup with pasta
punjene paprike	stuffed bell peppers
purica na zagorski način	turkey, Zagorje style
ražnjići	shish kabob
sarma od vinovog lišća	stuffed grape leaves
svinjski kotlet na samoborski način	pork chop, Samobor style

National Dishes

Prilozi

kuhani krumpir
okruglice
pečeni krumpir
restani krumpir
rezanci
riža
špageti

Salate

krumpir-salata
miješana salata
salata od cikle
salata od krastavaca
salata od rajčica
zelena salata

Jela od jaja

jaja na oko
kajgana, omlet
omlet sa sirom
poširana jaja
tvrdo kuhana jaja

Sirevi

bijeli sir
dimljeni sir
kačkavalj

kozji sir
ovčji sir
paški sir

topljeni sir
trapist

Side Dishes

boiled potatoes
dumplings
pan-fried potatoes
roasted potatoes
noodles, pasta
rice
spaghetti

Salads

potato salad
mixed salad
beet salad
cucumber salad
tomato salad
green salad

Egg Dishes

fried eggs
scrambled eggs
cheese omelet
poached eggs
hard-boiled eggs

Cheese

farmer cheese
smoked cheese
Macedonian sheep's milk
cheese
goat's milk cheese
sheep's milk cheese
cheese from the island
of Pag
soft cheese
Port du Salut

Zaslade / Desserts

čokoladna krema	chocolate cream
kolač	cake
kompot	compote, stewed fruit
krempita	layered pastry filled with cream
nabujak od riže	rice pudding made with eggs
palačinke sa sirom	crepes with cheese
puding	pudding
savijača s jabukama	apple strudel
torta od oraha	walnut layer cake
tučeno vrhnje	whipped cream
uštipci	doughnuts
voćna salata	fruit salad

Voće / Fruit

ananas	pineapple
banana	banana
breskva	peach
dinja	honeydew melon
grožđe	grapes
jabuka	apple
jagode	strawberries
marelica, *(colloq)* kajsija	apricot
kruška	pear
kupine	blackberries
limun	lemon
lubenica	watermelon
maline	raspberries
naranča	orange
orasi	walnuts
smokva	fig
šljiva	plum
trešnje	cherries

Kavana, sladoled

bijęla kava
crna kava
čaj s ljimunom
čajno pęcivo
kolač
lędena kava
mlijęko
sljądoled od jągoda
sljądoled sa šlagom

turska kava
voćni sljądoled
zęmička

Café, Ice Cream

coffee with milk
black coffee
tea with lemon
cookies
cake
iced coffee
milk
strawberry ice cream
ice cream with whipped
cream
Turkish coffee
fruit-flavored ice cream
bread roll

karta pića

List of Beverages

Vino

vino
  bijęlo
  crno
  lako
  rųžica
  trpko
  slatko
  staro
bljątina, prǫkupac, burgųndac
dingač/plavac/ǫpolo
fruškǫgorski biser
šampąnjac
stolno vino

Wine

wine
  white
  red
  light
  rosé
  dry
  sweet
  old
well-known red wines
Dalmatian red wines
white sparkling wine
Champagne
table wine

vino u boci	bottled wine
silvanac, graševina, traminac	well-known white wines
prošek	Dalmatian dessert wine

Alkoholna bića

Alcoholic Beverages

bola	cold drink with fruit or herbs soaked in white wine
čaša piva	glass of beer
džin	gin
koktel	cocktail
konjak	cognac
liker	liqueur
maraskino	maraschino *(liqueur made from Dalmatian sour cherries)*
pivo	beer
punč	punch
rakija	spirits, clear brandy
rum	rum
šljivovica	slivovitz
travarica	herbal bitters
vermut	vermouth
vinjak	brandy
viski	whiskey

Bezalkoholna pića

Nonalcoholic Beverages

jabučni sok	apple juice
kisela voda	mineral water
limunada	carbonated drink
malina	raspberry juice
oranžada	orangeade
soda-voda	soda water
sok od rajčica	tomato juice
voćni sok	fruit juice
voda	water

6 **Culture and Nature**
Kultura i priroda

At the Visitor's/Tourist Information Office
U turističkom uredu

I'd like a town/city map of ..., please.	Htio (Htjela *f*) bih plan grada ...
Do you have brochures on ...?	Imate li prospekata ...?
Do you have a calendar of events for this week?	Imate li program priredbi za ovaj tjedan?
Are there sightseeing tours of the town/city?	Ima li obilazaka grada?
How much does the tour cost?	Koliko stoji obilazak?

Places of Interest/Museums
Znamenitosti/Muzeji

What places of interest are there here?	Kojih znamenitosti ima ovdje?
We'd like to visit ...	Htjeli bismo posjetiti ...
When is the museum open?	Kada je otvoren muzej?
When does the guided tour start?	Kada počinje vođenje?
Is there a tour in English, too?	Ima li i vođenja na engleskom?
Are we allowed to take photographs here?	Smije li se ovdje fotografirati?
What square is that/ What church is that?	Koji je ovo trg/Koja je ovo crkva?
Is that (this) ...?	Je li to ...?
When was this building built/restored?	Kada je sagrađena/obnovljena ova zgrada?
What period (of history) does this building (structure) date from?	Iz koje epohe potiče ova građevina?

Are there any other works in town by this architect?	Ima li u gradu još djela ovog arhitekta?
Has the excavation work been completed?	Jesu li dovršeni radovi na iskapanju?
Where are the finds on exhibit?	Gdje su izloženi nalasci?
Who painted this picture/created this sculpture?	Tko je naslikao ovu sliku/stvorio ovu skulpturu?
Is there an exhibition catalogue?	Postoji li katalog izložbe?
Do you have a poster/postcard/slide of this picture?	Imate li ovu sliku kao poster/razglednicu/dijapozitiv?

Word List: Places of Interest/Museums

abbey	opatija
aisle (of a church)	brod
altar	oltar
amphitheater	amfiteatar
ancient	antički
aquaduct	vodovod, akvadukt

Pula

arcade	arkąda/arkąde *(pl)*
arch	svod, luk
pointed arch	šiljasti svod
round arch	polukružni svod
archeology	arheologija
architect	arhitekt
architecture	arhitektura
arts and crafts	umjetnička rądinost
balcony	galerija
balustrade	balustrąda
baptismal font	posuda za krsnu vodu
basilica	bazilika
bay	doksat
bell	zvono
bishop's seat	sjedište biskupa
bridge	most
bronze	bronca
Bronze Age	brončano doba
building	grądevina, zgrada
structure	gradevina
government building	vlądina zgrada
to burn	spąliti
bust	poprsje, bista
Byzantine	bizantski
candlestick	svijećnjak
capital	gląvica stupa, kapitel
carpet	sag, ćilim
carving	rezbarija
castle	dvorac
catacombs	katakombe
cathedral	stolna crkva, katedrąla
Catholic	kątolik *(n)*
ceiling	strop
ceiling painting, ceiling fresco	stropno slikarstvo
Celtic	keltski
cemetery	groblje
center of town, downtown	centar grada
century	stoljeće, vijek
ceramics; piece of ceramics	keramika
changing of the guard	smjena straže
chapel	kapela
choir	kor
choir stalls	sjedala kora

Christian	kršćanin *(n)*
Christianity	kršćanstvo
church	crkva
church of a monastery, minster, conventual church	samostanska crkva
church service, mass	služba božja, misa
citadel	tvrđava
city/town hall	vijećnica
clergyman	svećenik
cloister *(covered walk with colonnade)*	križni put
column, pillar	stup
copperplate engraving or print	bakrorez
copy	kopija
Corinthian	korintski
court	dvorište
creed, denomination	vjera, religija
cross	križ
crucifix	raspeće
crypt	kripta
cult of the dead	kult mrtvih
cupola	kupola
customs	narodni običaji
design	dizajn
dome	kupola
domed building	hram s kupolom
Doric	dorski
drawing	crtež
drawing(s) and engraving(s); graphic arts	grafika
dynasty	dinastija
emperor/empress	car/carica
epoch	epoha
etching, drypoint	bakropis
excavations	iskopine
exhibit	izložak
exhibition	izložba
facade	pročelje
find	nalazak
flowering, prime, heyday	doba rascvata
flying buttress	upornjak
folklore museum	etnološki muzej
fortified castle	zamak
fortress	tvrđava

foundation(s)	temelj
fountain	zdenac
fresco	freska
frieze	friz
gable	zabat
gallery	galerija
gate	vrata *(n pl)*
Gobelin (tapestry)	goblen
goldsmith's art, gold work	zlatarstvo
Gothic	kasno gotički
grave, tomb	grob
Greek	grčki *(adj)*
Greeks	Grci *(n)*
ground plan	tlocrt
guide	vodič
headstone	nadgrobni kamen
heathen	poganski
historic district, the old town	stari grad
history	povijest *(f)*, historija
illustration	ilustracija

Korčula

india ink	tuš
influence	upliv
inlay (work), intarsia	intarzije
inner courtyard	atrij
inscription	natpis
Ionic	jonski
Jew	Židov
kupola	kupola
king/queen	kralj/kraljica
landscape painting	pejzažno slikarstvo
library	knjižnica, biblioteka
lithograph(y)	litografija
marble	mramor
market	sajmište, sajam
market hall	tržnica
material	materijal
mausoleum	mauzolej
mayor/mayoress	gradonačelnik/-nica
medieval	srednjovjekovni
memorial (place)	spomen-mjesto
Middle Ages	srednji vijek
minaret	minaret
model	model
modern	moderan
monastery, convent, cloister	samostan
monument	spomenik
protection of monuments	zaštita spomenika
mosaic	mozaik
Moslem, Muslim	musliman *(n)*
mosque	džamija
mural, wall painting	zidno slikarstvo
museum	muzej
Muslim, Moslem, Islamic	muslimanski, islamski
native town, hometown	rodni grad
nave	glavni brod
nude	akt
odeum	odeon
oil painting	slikanje uljenim bojama
opera	opera
order	red
organ	orgulje *(f pl) (relig)*
original	original
ornament	ornament
painter	slikar/ica

painting	slika, slikarstvo
collection of paintings	zbirka slika
painting on glass	slikanje na staklu
palace	palača
panel painting	slika na stolu
parchment	pergament
pastel	pastel
pavilion	paviljon
Phoenician	feničanski
photography	fotografija
photomontage	foto-montaža
picture	slika
pilgrim	hodočasnik/-nica
pilgrimage	hodočašće
pilgrimage church	proštenjarska crkva
pillage	pljačka
pillar	potporanj
place of worship	kultno mjesto
places of interest, sights	znamenitosti
porcelain	porculan
portal	portal
portrait	portret
poster	plakat
pottery	lončarstvo
prehistoric	prethistorijski
Protestant	protestant *(n)*
pulpit	propovjedaonica
realism	realizam
to rebuild, to reconstruct	ponovo izgraditi
to reconstruct	rekonstruirati
relief	reljef
religion	vjera, religija
remains	ostaci
Renaissance	renesansa
restoration	obnova
to restore	obnoviti, popraviti
Roman	rimski *(adj)*
Romans, the	Rimljani
Romanesque	romanički
Romanesque style of architecture	romanika
roof	krov
rosette	rozeta
ruin	ruševina
ruined city/town	grad u ruševinama
sacristy	sakristija

sandstone	(kamen) pješčanik
sarcophagus	sarkofag
school	škola
sculptor	kipar
sculpture	kip, skulptura
sightseeing	razgledanje
sightseeing tour	kružna vožnja
sightseeing tour of the town/city	obilazak grada
silk-screen print(ing)	sitotisak
square	trg
statue	kip
steeple, spire, church tower	zvonik
still life	mrtva priroda
Stone Age	kameno doba
stucco	štukatura
style	stil
symbol	obilježje, simbol
synagogue	sinagoga
temple	hram
terra-cotta	terakota
theater	kazalište
tombstone	nadgrobni spomenik
torso	torzo
tour (guided or conducted)	vođenje
tower	toranj
town wall	gradski bedem
trading center	trgovački grad
transept	poprečni brod
treasure chamber	riznica
triumphal arch	slavoluk
university	sveučilište, univerzitet
vase	vaza
vault	svod
wall	zid
watercolor	akvarel
weaving	tkanje
window	prozor
wing	krilo
wood carving	rezbarenje
woodcut	drvorez, duborez
work	djelo
early work	rano djelo
late work	kasno djelo

Excursions

Izleti

Can you see ... from here?	Može li se odavde vidjeti ...?
What direction is ...?	U kom pravcu leži ...?
Will we pass ...?	Hoćemo li proći pored ...?
Are we going to see ..., too?	Hoćemo li razgledati i ...?
How much free time will we have in ...?	Koliko ćemo imati slobodnog vremena u ...?
When are we going back?	Kada se vraćamo?
When will we be back?	Kada ćemo stići natrag?

Nin, St. Nikola,
eleventh century

The coast near Trieste

Word List: Excursions

amusement park	ząbavni park
back-country	ząleđe
bird sanctuary	ząštićena oblast ptica
botanical garden(s)	botąnički vrt
cave	pęćina, spilja
cave dwelling	pęćinska nąstamba
cliff	greben
country estate	sęoski dvorac
countryside, landscape	prędio, krajǫlik
day trip	cjęlodnevni izlet
excursion	izlet
fishing port	rịbarska luka
fishing village	rịbarsko mjesto
forest, woods	šuma
forest fire	šumski požar
game preserve	rezęrvat dịvljači
gorge	prijęvoj
grotto	spilja
lake	jęzero
lava	lava
market	trg
mountain pass, ravine	klanac

mountain village	planinsko selo
mountains	planina, gora
museum village	muzejsko selo
national park	nacionalni park

Dubrovnik

nature preserve or preserve	prirodni rezervat
observatory	zvjezdarnica
open-air museum	muzej na otvorenom
panorama, panoramic view	vidik
place of pilgrimage	proštenište
planetarium	planetarij
reef	greben
safari park	safari-park
sightseeing tour	kružna vožnja
square	trg
stalactite cave	sigasta spilja
suburb	predgrađe
surroundings	okolina
trip around the island	vožnja oko otoka
valley	dolina
vantage point	vidikovac
volcano	vulkan
waterfall	vodopad
zoo	zoološki vrt

Events/Entertainment
Priredbe/Zabava

Theater/Concert/Movies	Kazalište/Koncert/Kino
What's on (at the theater) tonight?	Koji se komad daje večeras (u kazalištu)?
What's on at the movies tomorrow night?	Što se daje sutra navečer u kinu?
Are there concerts in the cathedral?	Da li se u katedrali priređuju koncerti?
Can you recommend a good play?	Možete li mi preporučiti neki dobar kazališni komad?
When does the performance start?	Kada počinje predstava?
Where can I get tickets?	Gdje mogu nabaviti karte?
Two tickets for this evening/tomorrow evening, please.	Molim dvije karte za večeras/sutra navečer.
Two seats at …, please.	Molim dva mjesta po …
Two adults and one child.	Dvoje odraslih, jedno dijete.
Can I have a program, please?	Molim Vas program.
What time does the performance end?	Kada završava predstava?
Where's the checkroom, please?	Gdje je garderoba?

Word List: Theater/Concert/Movies

accompaniment	pratnja
act	čin
actor/actress	glumac/glumica
advance box office	pretprodaja

balcony (seats)	balkon
ballet	balet
box (seats)	loža
box office, ticket office	blągajna, kasa
cabaret	kabarę *(m)*, mala pǫzornica
calendar of events	kalęndar priredbi
checkroom	garderǫba
choir	zbor, kor
circus	cirkus
comedy	kǫmedija
composer	kompǫzitor/ica
concert	koncert
chamber concert	kǫmorni koncert
church concert	dụhovni koncert
jazz concert	jazz-koncert
pop concert	pop-koncert
symphony	simfǫnijski koncert
conductor	dirįgent
curtain	zạvjesa
dancer	plesač/plesạčica
direction	rẹžija
drama	drama
festival	festịval
film, movie	film
folk play	pučki komad
intermission	odmor, pạuza
movie actor/actress	filmski glumac/filmska glụmica
movie theater, movies	kino
open-air movie theater	ljetno kino
musical	mjuzikl
open-air theater	ljetno kạzalište
opera	ǫpera
opera glass(es)	kạzališni dalekǫzor
operetta	igra s pjẹvanjem, operẹta
orchestra	ǫrkestar
orchestra (seats)	parket
original version	ǫriginalna vẹrzija
performance	prẹdstava
play	ịgrokaz, drama, kạzališni komad
premiere	prạizvedba, premijẹra

presentation	prędstava
production	inscenącija
program, program (booklet)	prọgram
repertoire	program
role	ụloga
leading role, lead	glavna ụloga
singer	pjevač/pjevącica
soloist	solist/ica
stage	pọzornica
subtitle	pọdnaslov
ticket (of admission)	ụlaznica
tragedy	trągedija
variety show	varijetę *(m)*

Bar/Discotheque/ Nightclub

Bar/Diskotęka/Noćni klub

What do people do here in the evenings?	Koje se tịpične vęčernje prịredbe ovdje daju?
Is there a nice bar here?	Ima li tu neka prijatna krčma?
Where can we go dancing?	Gdje se može plęsati?
Are there a lot of young people there, or is it more for older people?	Je li tamo prętežno mlada ili stạrija pụblika?
Is evening dress required?	Je li pọželjna vęčernja garderọba?
One drink is included in the admission price.	U cijęnu ụlaznice ụračunato je jedno pičе.
A beer, please.	Molim jedno pivo.
Another (round) of the same.	Još jednom isto.
This round's on me.	Ovu rundu plaćam ja.
Shall we (have another) dance?	Họćemo li (još jednom) plęsati?
Shall we go for a walk?	Họćemo li još prošętati?

Word List: Bar/Discotheque/Nightclub

band	mali orkestar, *(colloq)* bend
bar	bar
to dance	plesati
dance band	plesni orkestar
dance music	plesna glazba
disco(theque)	diskoteka
disk jockey	disc-jockey
doorman	vratar
fashion show	modna revija
folklore	folklor
folklore evening (folk music and dancing)	folklorno veče
gambling arcade	dvorana za igre
gambling casino	kockarnica
to go out	izaći
live music	glazba uživo
nightclub	noćni klub
saloon (joint)	krčma
show	šou

At the Swimming Pool/On the Beach
U bazęnu/Na plaži

Is there a(n) ... here?	Ima li ovdje ...
outdoor pool?	ljetno kųpalište?
indoor pool?	zątvoreni bazen?
thermal pool?	tęrmalno kųpalište?

A ticket for one (with a cubicle), please.　Molim jednu ųlaznicu (s kabįnom).

Swimmers only!　Samo za plivąče!

No diving!　Ząbranjeno skąkanje u vodu!

No swimming!　Ząbranjeno kųpanje!

Is the beach sandy/pebbled/rocky?　Je li plaža pjęščana/kąmenita/stjenǫvita?

Are there any sea urchins/jellyfish here?　Ima li ovdje morskih jęževa/medųza?

How far out is swimming allowed?　Do kuda se smije plįvati?

Is the current strong?　Je li strųjanje jako?

Is it dangerous for children?　Je li ǫpasno za djecu?

When is low tide/high tide?　Kada je ǫseka/plima?

I'd like to rent...	Htio (Htjela f) bih unąjmiti ...
a boat	čamac.
a pair of water skis	skije za vodu.

How much is it per hour/day?　Kǫliko stoji na sat/dan?

Sports
Šport

What sporting events are there here?	Kojih športskih priredbi ima ovdje?
What sports facilities are available here?	Kojim se športom može ovdje baviti?
Is there a golf course/ tennis court/racetrack here?	Ima li ovdje igralište za golf/tenisko igralište/hipodrom?
Where can I go fishing?	Gdje se može pecati?
I'd like to see the soccer match/horse race.	Htio (Htjela f) bih pogledati nogometnu utakmicu/konjske trke.
When/Where is it?	Kada/Gdje se održava/ju?
How much does it cost to get in?	Koliko stoji ulaznina?
Are there good ski runs in the mountains?	Ima li u brdima dobrih skijaških staza?
What time does the cable car make the last trip up/down?	U koliko se sati posljednji put penje/spušta žičara s kabinama?
I'd like to go hiking in the mountains.	Htio (Htjela f) bih planinariti.
Can you show me an interesting route on the map?	Možete li mi pokazati na karti neku zanimljivu maršrutu?
Where can I rent ...?	Gdje mogu unajmiti ...?
I'd like to take a ... course.	Htio (Htjela f) bih ići na tečaj (kurs) ...
What sport do you go in for?	Kojim se športom bavite?
I play ...	Igram ...
I'm a ... fan.	Ja sam oduševljeni ...
I like to go ...	Idem rado ...
Can I play too?	Mogu li igrati s vama?

The island of Koločep

Word List: Beach/Sports

activity-centered vacation	aktivni dopust
advanced player	napredni športaš
aerobics	aerobik
air mattress	zrâčni madrac
badminton	badminton
ball	lopta
basketball	košarka
bay/inlet where swimming is allowed	uvala za kupanje
beach towel	ručnik za kupanje
beach umbrella, sunshade	suncobran
beginner	početnik
bicycle racing	biciklistička utrka
bicycle tour/excursion	vožnja biciklom
boat rental	iznajmljivanje čamaca
boccia *(Italian form of lawn bowling)*	bóćanje
bowling (ninepins)	kuglanje
cablecar lift	žičara

canoe	kanoa, kanu
lightweight canoe, kayak	kajak
chair lift	lift sa sjedalima
championship	prvenstvo
competition, contest, game, match	natjecanje
course	tečaj, kurs
cycling	biciklizam
darts	bacanje strelica, pikado
day pass	dnevna iskaznica
deckchair	ležaljka
deep-sea fishing	ribolov na pučini
defeat, loss	poraz
to (skin) dive	roniti
diving board	daska za skakanje
diving equipment	ronilačka oprema
diving goggles	ronilačke naočale *(f pl)*
exercise class; workout with a trainer	trenerski sat
figure skating	umjetničko klizanje
fishing license	dozvola za pecanje
fishing rod	udica
fitness center	rekreacioni centar
fitness training, conditioning	kondicioni trening
flipper, swimfin	peraje
game	igra
glider flying	jedriličarstvo
goal	vrata *(n pl)*, *(colloq)* gol
goaltender, goalie	vratar, *(colloq)* golman
golf	golf
minigolf	mini-golf
golf club	palica za golf
gymnastics	gimnastika
half (time)	poluvrijeme
halfway station *(of a cablecar lift)*	srednja stanica žičare
handball	rukomet
hang gliding	zmajarstvo
hiking	pješačenje
hiking path/trail	staza za pješačenje
horse	konj
horse races	konjske trke *(f pl)*

horseback riding	jahanje
ice hockey	hokej na ledu
ice rink	klizalište
ice skates	klizaljke
ice skating	klizanje
inner tube	pojas za plivanje
jazz dance	džez-ples
to jog	džogirati
jogging	džoging
judo	džudo
karate	karate
to lose	izgubiti
motor sport, motor racing	motociklizam
motorboat	motorni čamac
mountain climbing	planinarenje
mountain station *(of a cablecar lift)*	gornja stanica žičare
net	mreža
nonswimmer	neplivač
nudist beach	nudistička plaža
outcome, score	rezultat
outdoor pool	ljetno kupalište
parachuting	padobranstvo
pebble	šljunak
pedal boat	čamac na pedale
pool attendant	čuvar kupališta
private beach	privatna plaža
program	program
race	trka
racket	reket
regatta	regata
to ride (a horse)	jahati
to ride a bicycle, to bike	voziti se biciklom
to row	veslati
rowboat	čamac na vesla
rubber boat	gumeni čamac
rugby	ragbi
sailboat	jedrilica
sailing	jedrenje
sand	pijesak
sauna	sauna
seawater/saltwater pool	plivalište s morskom vodom
shower	tuš
shuttlecock	loptica za badminton

skateboard	daska kotųraljka
ski	skija
cross-country skiing	skijaško trčanje
cross-country skiing course	staza za skijaško trčanje
T-bar lift, ski tow	vųčnica
ski binding	vęzovi za skije
ski course	skijaški tečaj
ski instructor	ųčitelj skijanja
ski poles	skijaški štạpovi
skiing goggles	skijaške nạočale
skiing	skijaško trčanje
Alpine skiing	alpsko skijanje
sled	saọnice *(f pl)*
to sled	sạnjkati se
snorkel	dịhalica
soccer	nọgomet
soccer field	nọgometno igralište
soccer match	nọgometna ųtakmica
soccer team	nọgometna momčad
solarium	sųnčalište, solarij
sports field, playing field	športsko igralište
sportsman/woman, athlete	športaš/ica
squash	skveš
start	start
surfboard	daska za jędrenje
surfing	jạhanje na vạlovima, jędrenje na dasci
to swim	plịvati
swimmer	plivač
swimming pier	gat za kụpanje
swimming pool	plịvalište, kupalište
seaside swimming pool with sunbathing beach	plaža
table tennis, Ping-Pong	stolni tenis, ping-pong
team, crew	pọsada, momčad
tennis	tenis
doubles	igra pạrova, *(colloq)* dubl
singles	pojedịnačna igra, *(colloq)* singl
tennis racquet	tẹniski reket
ticket (of admission)	ụlaznica
ticket office	blạgajna, kasa

tie, standoff	nẹriješeno
toboggan	saọnice *(f pl)*
to toboggan	sạnjkati se
track-and-field events	atlẹtika
umpire, referee	sudac
valley station *(of a cablecar lift)*	donja stạnica žịčare
victory, win	pọbjeda
volleyball	ọdbojka
water polo	vạterpolo
water wings	krilca za plịvanje
weekly pass	tjedna ịskaznica
to win	dọbiti, pobijẹditi
wrestling	ṛvanje

8 **Shopping/Stores**
Kupovanje/Trgovine

Questions/Prices
Pitanja/Cijene

opening hours	Radno vrijeme
open/closed/closed for vacation	otvoreno/zatvoreno/godišnji odmor
Where can I find ...?	Gdje mogu naći ...?
Can you recommend a ... store?	Možete li mi preporučiti neku trgovinu ...?
Are you being helped?	Da li Vas netko uslužuje?
Thank you, I'm just looking around.	Hvala, samo ogledam.
I'd like ...	Htio (Htjela *f*) bih ...
Do you have ...?	Imate li ...?
Could you show me ..., please.	Molim Vas pokažite mi ...

Please ... a pair of ... a piece of ...	Molim ... par ... komad ...
Could you show me something else?	Možete li mi pokazati nešto drugo?
Is there something a little cheaper?	Imate li i nešto jeftinije?
I like that. I'll take it.	Ovo mi se sviđa. Uzet ću ovo.
How much is it?	Koliko stoji (*colloq* košta)?
Do you take ... American money? eurocheques? credit cards? traveler's checks?	Primate li ... američki novac? euro-čekove? kreditne kartice? putničke čekove?
Can you pack it for me?	Možete li mi to upakirati?
I'd like to exchange this, please.	Htio bih ovo zamijeniti.

Word List: Stores

antique shop	trgovina starinama
art dealer	trgovac umjetninama
arts and crafts	umjetnička radinost
bakery	pekara
beauty shop/salon	kozmetički salon
boat equipment	pribor za čamce
bookstore	knjižara
secondhand bookstore	antikvarijat
boutique	butik
butcher store, meat market	mesnica
candy store	trgovina slatkišima

cheese shop	sirana
clockmaker, watchmaker	urar
confectionery, pastry shop	slastičarnica
cosmetics store	parfimerija
dairy (store)	mljekarnica
delicatessen	delikatesna trgovina

department store	robna kuća
drugstore	drogerija
dry cleaner	kemijska čistionica
electrical goods store	trgovina električnom robom
fish store	ribarnica
flea market	buvlja pijaca
florist's shop, flower shop	cvjećarnica
fruit store	voćarnica
fur store	trgovina krznom
furniture store	trgovina namještajem
grocery store	trgovina namirnicama
hairdresser, barber	frizer, brijač
hardware store	željeznarija
health food store	trgovina zdravom hranom
housewares	trgovina kućanskom robom
jeweler	zlatar
junk dealer, secondhand dealer	staretinar
laundry	praonica rublja
leather goods store	trgovina kožnom robom
liquor store	trgovina alkoholnim pićima
market, marketplace	tržnica, *(colloq)* plac
music store	trgovina muzikalijama
news dealer	prodavač novina
optician	optičar
pharmacy	ljekarna, apoteka
photo(graphic) supplies	fotografski artikli
record store	trgovina gramofonskim pločama
secondhand store	trgovina rabljenom robom
self-service store	samoposluživanje
shoe store	trgovina obućom
shoemaker/shoe repair	obućar
souvenirs	suveniri
sporting goods	športski pribor
stationery store	papirnica
supermarket	supermarket
tailor/seamstress	krojač/krojačica
tobacconist	trafika
toy store	trgovina igračkama
travel agency	putnička agencija
vegetable dealer	piljar
wine store	vinarija

Groceries
Namirnice

How may I help you?	Što želite, molim?

I'd like ...
  a kilo of ...
  ten slices of ...
  a piece of ...
  a package of ...
  a jar of ...
  a can of ...
  a bottle of ...
  a bag, please.

Molim Vas dajte mi ,..
  kilogram ...
  deset kriški ...
  komad ...
  pakovanje ...
  čašu ...
  limenku ...
  bocu, flašu ...
  vrećicu.

Do you mind if the amount is a little larger?

Smije li biti malo više?

Will there be anything else?

Želite li još nešto?

Could I try some of this, please?

Smijem li možda malo probati od ovoga?

No, thank you. That's all.

Hvala, to je sve.

Word List: Groceries

almonds	bademi
apples	jabuke
apricots	kajsije, marelice
artichokes	artičoke
asparagus	šparoga
avocado	avokado
baby food	dječja hrana
baked goods	pecivo
bananas	banane
beans	grah
garbanzos	slanutak
green beans	mahune
white beans	bijeli grah
beef	govedina
beer	pivo
alcohol-free beer	bezalkoholno pivo

bell pepper	zelena paprika
blackberries	kupine
bread	kruh
pumpernickel, black rye bread	crni kruh
rye bread	polubijeli kruh
sweet bread	slatki kruh
white bread	bijeli kruh
butter	maslac, *(colloq)* putar
buttermilk	mlaćenica
cabbage	kelj
cake	kolač
honey cake	medenjak
candy, sweets	slatkiši
canned goods	konzerve
carbonated drink	limunada
carob	rogač
carrots	mrkva
cauliflower	cvjetača, karfiol
celery	celer
Champagne	šampanjac
cheese	sir
Camembert	kamember
caraway cheese	sir s kimom
farmer cheese	svježi sir
goat cheese	kozji sir
soft cheese	meki sir

cherries	trešnje
chestnuts	kešteni
chicken (broiler, fryer)	pile
chick-peas	slanutak
chicory	cikorija
chocolate	čokolada
chocolate bar	rebro čokolade
chop, cutlet	kotlet
clams	školjke
coconut	kokosov orah
coffee	kava
cold cuts	narezak
cookies	keksi
corn	kukuruz
cream	vrhnje
sour cream	kiselo vrhnje
whipping cream	tučeno vrhnje
cucumber	krastavac
dates	datule
dried meat	suho meso
eel	jegulja
eggplants	patlidžani
eggs	jaja
from free-range hens	od domaćih kokoši
fennel	kopar
figs	smokve
fish	riba
flour	brašno
frankfurter, hot dog	hrenovke
fresh	svjež
fruit	voće
garlic	češnjak, bijeli luk
gilthead	orada
goat meat	kozetina
goulash	gulaš
grapefruit	grejp
grapes	grožđe
ground meat	mljeveno meso
ham	šunka
boiled ham	kuhana
raw (uncooked smoked) ham	prijesna
herring	slleđ, haringa
honey	med

ice	led
jam, marmalade	marmelada
lamb	janjetina
leek	luk
lemons	limuni
lentils	leća
lettuce, salad greens	salata
head of lettuce	salata glavatica
licorice	sladić
liver pâté	jetrena pašteta
liver sausage, liverwurst	jetrenica
mackerel	skuša
margarine	margarin
mayonnaise	majoneza
meat	meso
smoked meat	dimljeno meso
melon	dinja
milk	mlijeko
low-fat milk	obrano
sour milk, curdled milk	kiselo mlijeko
mineral water	mineralna voda

mulberries	dudovi
mussels	dagnje
mustard	slačica, *(colloq)* senf
mutton	ovčetina
noodles, pasta	rezanci
oat flakes, rolled oats	zobene pahuljice
oil	ulje
olives	masline
onion	luk
orange juice	sok od naranče
orangeade	oranžada
oranges	naranče
oregano	origano
oysters	ostrige
paprika	paprika
parsley	peršin
peaches	breskve
pears	kruške
peas	grašak
pepper	papar, biber
perch	grgeč
pineapple	ananas
plums	šljive
pork	svinjetina
pork sausage (finely minced)	kobasica
potatoes	krumpiri
prawns	kozice
pumpkin	buča, bundeva
rabbit	kunić
raisins	suho grožđe
red (hot) peppers	feferoni
rice	riža
roll	zemička
sweet rolls	slatke zemičke
saffron	šafran
salami	salama
salt	sol *(f)*
sandwiches	sendviči
sausage	kobasica
semolina	krupica *(colloq)* gris
shrimp	račići
sole	list
soup	juha

spaghetti	špageti
spinach	špinat
squid	sipa, hobotnica
strawberries	jagode
sugar	šećer
swordfish	sabljarka
tangerine, mandarin orange	mandarina
tea	čaj
tea bag	čaj u filter-vrećici
thyme	majčina dušica
toast	tost
tomatoes	rajčice, paradajzi
tuna	tuna
veal	teletina
vegetables	povrće
home-grown vegetables	domaće povrće
vinegar	ocat
waffles, wafers	vafli
walnuts	orasi
watermelon	lubenica
wine	vino
alcohol-free wine	bezalkoholno vino
red wine	crno vino
white wine	bijelo vino
yogurt	jogurt
zucchini	tikvice

Drugstoro Items
Drogerijski artikli

Word List: Drugstore Items

absorbent cotton	vata
cotton-tipped swabs	štapići s vatom
Band-Aid	flaster
blusher, rouge	rumenilo
bobby pins	kopče za kosu
body lotion	mlijeko za njegu tijela
brush	četka
cleansing lotion	losion za pranje
cleansing milk	mlijeko za čišćenje
clothes brush	četka za odijelo
cologne, eau de Cologne	kolonjska voda
comb	češalj
condom	prezervativ, kondom
cream	krema
cream for dry/normal/	krema za suhu/normalnu/masnu
oily skin	kožu
hand cream	krema za ruke
moisturizing cream	vlažna krema
curlers, rollers	uvijači, *(colloq)* vikleri
deodorant	dezodorans
depilatory	depilator
detergent	sredstvo za pranje
diapers	pelene
dishcloth	krpa za ispiranje
dishwashing brush	četkica za ispiranje
dishwashing liquid	sredstvo za ispiranje
eye shadow	sjenilo za kapke
eyebrow pencil	olovka za obrve
eyeliner	olovka za očne kapke
hair gel	gel za kosu
hair spray	lak za kosu
hairband	gumica za kosu
hairbrush	četka za kosu
lipstick	ruž za usne
liquid spot/stain remover	tekućina za čišćenje mrlja
mascara	tuš za trepavice
mirror	ogledalo

mouthwash	voda za usta
nail brush	četkica za nokte
nail file	turpija za nokte
nail polish	lak za nokte
nail polish remover	aceton
nail scissors	škarice *(f pl)* za nokte
pacifier	duda varalica
paper handkerchiefs, Kleenex	papirnate maramice
perfume	parfem
powder	puder
face powder	puder za lice
razor blade	žilet, britvica
safety pins	zapinjača, *(colloq)* ziherica
safety razor	aparat za brijanje
sanitary napkins	higijenski ulošci
setting lotion	učvršćivač za kosu
shampoo	šampon za kosu
for oily/normal/dry hair	za masnu/normalnu/suhu kosu
to prevent/fight dandruff	protiv peruti

shaving brush	četkica za brijanje
shaving lotion	losion za brijanje
shaving soap	sapun za brijanje
shower gel	gel za tuširanje
soap	sapun
sponge	spužva
styling mousse	pjenasti učvršćivač
sun protection factor	faktor zaštite od zračenja
suntan cream	krema za sunčanje
suntan oil	ulje za sunčanje
tampons	tamponi
toilet case, dressing case	putni kovčežić, neseser
toilet paper	toaletni papir
toothbrush	četkica za zube
toothpaste	pasta za zube
towel	ručnik
moist towelettes	ubrusi za osvježenje
tweezers	pinceta
washcloth	krpa za pranje

Tobacco Products

Duhan

A pack/carton of filter-tip/unfiltered cigarettes, please.	Molim pakętić/šteku cigarẹta … s filterom/bez filtera.
Do you have American/ menthol cigarettes?	Ịmate li amęričkih/mentol cigarẹta?
Which brand (of mild/ strong cigarettes) would you recommend?	Koju mi marku (lakih/jakih cigarẹta) mọžete preporụčiti?
Ten cigars/cigarillos, please.	Molim deset cigạra/cigarịlosa.
A package/can of cigarette/pipe tobacco, please.	Molim pakętić/lịmenku duhạna za cigarẹte/lulu.
A box of matches/A lighter, please.	Molim kụtiju šịbica/jedan upạljač.

Clothing/Leather Goods/ Dry Cleaning

► See Chapter 1: Colors

Ọdjẹća/Kọžna roba/Čịšćenje

Can you show me …	Mọžete li mi pokạzati …?
Do you have a particular color in mind?	Mịslite li na neku ọdređenu boju?
I'd like something in …	Htio (Htjela *f*) bih nešto u …
I'd like something to go with this.	Htio (Htjela *f*) bih nešto što prịstaje uz ovo.
Can I try it on?	Mogu li prọbati?
What size do you wear?	Koji je Vaš (konfẹkcijski) broj?

It's too …
  tight/big.
  short/long.
  small/large.
	Ovo mi je …
	  preụsko/prẹširoko.
	  prẹkratko/prẹdugačko.
	  prẹmaleno/prẹveliko.

It fits me well.	Ovo mi dobro stoji.

I'll take it.	Uzet ću ovo.
It's not quite what I want.	Ovo mi ne odgovara sasvim.
I'd like a pair of …shoes.	Htio (Htjela *f*) bih par … cipela.
I wear size … shoes.	Moj je broj cipela …
They pinch.	Ove me žuljaju.
They're too narrow/wide.	Ove su preuske/preširoke.
And …	Molim još …
a tube of shoe cream	jednu tubu kreme za cipele
a pair of shoelaces, please.	par vezica za cipele.
I'd like to have new soles put on these shoes.	Htio (htjela *f*) bih pođoniti ove cipele.
Could you put new heels on, please?	Molim Vas možete li napraviti nove pete?
I'd like to have these things cleaned/washed.	Htio (Htjela *f*) bih dati očistiti/oprati ove stvari.
When will they be ready?	Kada će biti gotove?

Word List: Clothing/Leather Goods/Dry Cleaning

anorak	vjetrovka
backpack	naprtnjača
bathing cap	kapa za kupanje
bathing suit	kupaći kostim
bathing trunks	kupaće gaćice *(f pl)*
bathrobe	kupaći ogrtač
beach shoes, aquasocks	cipele za plažu
belt	pojas
bikini	bikini *(m)*
blouse	bluza
boots	čizme
ski boots	skijaške cipele
bow tie	leptir-kravata
bra	grudnjak
briefs, panties	slip, gaćice
button	dugme
cap	kapa

cardigan	pletena vesta
carryall, travel bag	putna torba
checked	kockast, kariran
coat	ogrtač, kaput
collar	ovratnik
color	boja
cotton	pamuk
dress	haljina
dressing gown	kućna haljina
to dry clean	kemijski čistiti
evening dress	večernja haljina
fur coat	krzneni kaput
fur jacket	krznena jakna
gloves	rukavice
handbag	torbica
handkerchief	maramica, rupčić
hat	šešir
to iron, to press	glačati, *(colloq)* peglati
jacket	kaputić, jakna
jeans	traper, džins
jogging pants	hlače za džoging
jogging suit, track suit	trenirka za džoging
knee socks	dokoljenice *(f pl)*
leather coat	kožni kaput
leather jacket	kožna jakna
leather pants	kožne hlače
linen	laneno platno
lining	podstava
machine-washable	perivo strojem
miniskirt	mini-suknja
nightgown	spavaćica
overalls, coveralls	kombinezon
pajamas	pidžama
pants *(trousers)*	hlače *(f pl)*
pantyhose	čarape s gaćicama, *(colloq)* hula-hupke
pocket	džep
pullover	pulover
raincoat	kišni ogrtač
rubber boots	gumene čizme
sandals	sandale
scarf, muffler	marama za vrat
scarf, shawl	šal
shirt	košulja

shoe brush	četka za cipele
shoe size	broj cipela
shoecream	krema za cipele
shoes	cipele
children's shoes	dječje cipele
low-top shoes	niske cipele
shorts	šorc, kratke hlače *(f pl)*
shoulder bag	torba preko ramena
silk	svila
silk stockings	svilene čarape
ski pants	skijaške hlače
skirt	suknja
sleeve	rukavi
slip	podsuknja, kombine *(m)*
slippers	papuče
sneakers, gym shoes	tenisice
socks	kratke čarape, *(colloq)* sokne
sole	đon
sport coat	sako *m*
stockings	čarape
striped	prugast
suede coat	kaput od jelenje kože
suede jacket	jakna od jelenje kože
suit *(for men)*	odijelo
suit *(for women)*	kostim
suitcase	kovčeg, kofer
summer dress	ljetna haljina
sun hat	šešir za sunce
synthetic fiber	umjetno vlakno
terrycloth	frotir
tie	kravata
track suit	trenirka
T-shirt	T-majica
umbrella	kišobran
underpants	gaće *(f pl)*
undershirt	potkošulja
underwear	donje rublje
vest	prsluk
wash-and-wear, drip-dry	lako se održava
wool	vuna
zipper	patentni zatvarač

Books and Stationery
Knjige i pisaći pribor

I'd like …
  a newspaper.
  a magazine.
  a guidebook.

Htio (Htjela *f*) bih …
  jedne novine.
  jedan časopis.
  jedan vodič.

Word List: Books and Stationery

city map	plan grada
coloring book	teka za bojanje
envelope	omotnica, kuverta
eraser	gumica za brisanje
gift wrap	papir za poklone
glue	ljepilo
guidebook	vodič
magazine	časopis
map	geografska karta, mapa, zemljovid
notebook	bilježnica
notepad	notes
novel	roman
crime novel, mystery novel	kriminalistički roman, *(colloq)* krimić
paper	papir
paper clips	spajalice
paperback (book), pocketbook	džepna knjiga
pen	olovka
ballpoint pen	kemijska olovka
fiber-tip pen	flomaster
fountain pen	nalivpero
pencil	olovka
colored pencil	olovka u boji
pencil sharpener	šiljilo
picture postcard	razglednica
playing cards	igraće karte
road map	auto-karta
Scotch tape	selotejp
sketchbook	blok za crtanje
stamp	poštanska marka
stationery, writing paper	papir za pismo
thumbtacks	crtaći čavlići, *(colloq)* rajsnegli

Housewares
Kućne potrepštine

Word List: Housewares

aluminum foil	aluminijska folija
bottle opener	otvarač za boce
broom	metla
bucket	vjedro, *(colloq)* kanta
can opener	otvarač za limenke
candles	svijeće
clothesline	konopac za rublje
clothespins	kvačice za rublje, *(colloq)* štipaljke
corkscrew	vadičep
dustpan	lopatica za smeće
folding chair	kemp-stolica
folding table	kemp-stol
garbage bag	vreća za smeće
glass	čaša
grill	roštilj
charcoal for grilling	ugalj za roštilj
grill lighter	upaljač za roštilj
ice pack	element za hlađenje
immersion heater	grijač za tekućine
insulated bag	torba za hlađenje
kerosene	petrolej
methyl alcohol	špirit za gorenje
paper napkins	papirnati ubrusi, *(colloq)* papirnate salvete
plastic bag	plastična vrećica
plastic wrap	folija za održanje svježine
pocket knife	džepni nožić
saucepan	lonac za kuhanje
sunshade	suncobran
tableware, cutlery	pribor za jelo
thermos (flask, bottle)	termos-boca
windscreen	vjetrobran

Electrical Goods and Photographic Supplies
Ęlėktrični i fotǫgrafski ạrtikli

I'd like ...
    film for this camera.
    color film for prints/
    slides.
    film with 36/20/12
    exposures.

Htio (Htjela f) bih ...
    film za ovaj foto-apạrat.
    film u boji za pạpirne slike/
    dijapǫzitive.
    film sa 36/20/12 snịmaka.

Could you put the film in the camera for me, please?

Molim Vas mǫžete li mi stạviti film?

Would you develop this film for me, please?

Molim Vas da mi rạzvijete ovaj film.

I'd like one print of each of these negatives, please.

Molim Vas načịnite mi po jednu kǫpiju od ovih nẹgativa.

What size?

Koji format, molim?

Seven by ten./Nine by nine.

Sedam puta deset./Devet puta devet.

Do you want glossy or satin-finish?

Žẹlite li vịsoki ili svịleni sjaj?

When can I pick up the photos?

Kada mogu pǫdići slike?

The viewfinder/The release doesn't work.

Trạžilo/Okịdač nẹ radi.

It's broken. Can you fix it, please?

Ovo je pǫkvareno. Molim Vas mǫžete li to pǫpraviti?

Word List: Electrical Goods and Photographic Supplies

adapter	adapter
aperture (setting)	zaslon, *(colloq)* blenda
battery	baterija
camcorder	kamkorder
cassette	kaseta
cassette recorder	kasetofon
CD, compact disk	CD, kompaktni disk
extension cord	produžni provodnik *(colloq)* kabel
film	film
black-and-white film	crno-bijeli film
super-8 film	super-osam film
film camera	filmska kamera
film cartridge	film u kaseti
film speed	osjetljivost *f* filma
film transport (mechanism)	prijenos filma
flash	bljeskalica, *(colloq)* blic
flashcube	kockasti blic
flashlight	džepna svjetiljka *(colloq)* lampa
hairdryer	sušilica, *(colloq)* fen
headphones	slušalice
lens	leća, objektiv
light bulb	žarulja
light meter	svjetlomjer
loudspeaker, speaker	zvučnik
passport photo	slika za putovnicu (pasoš)
plug	utikač
pocket calculator	džepno računalo
record	gramofonska ploča
release	okidač
self-timer, automatic release	samookidač
shutter	zatvarač
telephoto lens	tele-objektiv
tripod	stativ
videocassette	videokaseta
videocassette recorder	videorekorder
video camera	videokamera
video film	videofilm
viewfinder	tražilo
walkman, personal stereo	vokmen

At the Optician
Kod optičara

Could you repair these glasses/this frame for me, please?	Molim Vas da mi popravite ove naočale/ovaj okvir.
One of the lenses of my glasses is broken.	Slomljeno je jedno staklo mojih naočala.
I'm near-sighted/far-sighted.	Ja sam kratkovidan/dalekovidan.
What's your visual acuity/eyeglass prescription?	Kolika je Vaša jačina vida?
Plus/minus … in the right eye, … in the left eye	Desno plus/minus …, lijevo …
When can I pick up the glasses?	Kada mogu doći po naočale?

I need …
   storage solution
   cleaning solution
   for hard/soft contact lenses.

Trebam …
   rastvor za čuvanje
   rastvor za čišćenje
   za krute/meke kontaktne leće.

I'm looking for …
   some sunglasses.
   some binoculars.

Tražim …
   sunčane naočale.
   dalekozor

At the Watchmaker/Jeweler
Kod urara/draguljara

My watch doesn't work. Could you take a look at it?	Moj sat više ne radi. Možete li ga pregledati?
I'd like a nice souvenir/gift.	Htio (Htjela f) bih neki lijep suvenir/poklon.
How much do you want to spend?	Koliko ste voljni platiti?
I'd like something that's not too expensive.	Htio (Htjela f) bih nešto ne preskupo.

Word List: Watchmaker/Jeweler

bracelet	narukvica
brooch	broš
coral	koralj
crystal	kristal
earrings	naušnice
gold	zlato
jewelry	nakit
costume jewelry	modni nakit, *(colloq)* bižuterija
necklace, chain	lančić
pearl	biser
pendant	privjesak
ring	prsten
silver	srebro
turquoise	tirkiz
wristwatch	ručni sat

At the Hairdresser/Barber

Kod frizera

Can I make an appointment for tomorrow?	Mogu li se prijaviti za sutra?
How would you like your hair done?	Kakvu frizuru želite?
Shampoo and blow-dry, please.	Oprati i fen-frizuru, molim.
Wash and cut/Dry cut, please.	Molim šišanje s pranjem/bez pranja.
I'd like ...	Htjela *f* bih ...
a permanent.	minival *(colloq* trajnu).
to have my hair dyed/tinted.	bojenje kose/preliv u boji.
to have my hair streaked.	obojiti pramenove.
Leave it long, please.	Ostavite dugačko, molim.
Just trim the ends.	Samo vrškove.

Not too short/Very short/A little shorter, please.	Ne prekratko/Sasvim kratko/Malo kraće, molim.
A little off the back/front/top/sides, please.	Molim skratite malo straga/sprijeda/gore/sa strane.
Cut above/below the ears, please.	Neka uši budu slobodne/ostanu pokrivene.
The part on the left/right, please.	Razdjeljak lijevo/desno, molim.
A razor cut, please.	Molim šišanje britvom.
Would you back-comb it a little, please?	Molim Vas tapirajte malo.
No/Just a little hairspray, please.	Molim bez laka/samo malo laka.
I'd like a shave, please.	Brijanje, molim.
Would you trim my beard, please?	Molim Vas podrežite mi bradu.
Can you give me a manicure?	Možete li mi manikirati nokte?
Thank you. That's fine.	Hvala lijepa. Tako je dobro.

Word List: Hairdresser/Barber

bangs	frizura
beard	brada
blond	plav, *(colloq)* blond
to blow-dry	osušiti fenom
to comb	češljati
to cut	rezati
layered cut	stepenasti rez
curlers, rollers	uvijači, *(colloq)* vikleri
curls	uvojci
dandruff	perut
to dye	obojiti
eyebrows	obrve
plucking one's eyebrows	čupanje obrva
hair	kosa

dry hair	suha kosa
oily hair	masna kosa
to do someone's hair	počešljati, *(colloq)* frizirati
hair loss	ispadanje kose
hair treatment	liječenje kose
haircut	oblik frizure
hairdo, hairstyle	frizura
hairpiece	umetak u kosu
hairspray	lak za kosu
to have a shave	dati se brijati
mustache	brkovi
part	razdjeljak
permanent	trajna ondulacija, minival
shampoo	šampon
sideburns	zalisci sa strane
to tint	načiniti preliv u boji, *(colloq)* tonirati
to trim	potkresati, *(colloq)* fazonirati
wig	perika

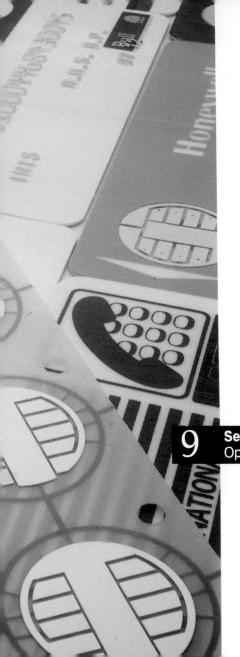

Money Matters
Nọvčani pọslovi

Where's the nearest bank/ foreign exchange office?	Molim Vas gdje je tu neka banka/ mjẹnjačnica?
What time does the bank open/close?	Kada se ọtvara/zạtvara banka?
I'd like to change dollars into kunas.	Želim promijẹniti dọlare u kune.
What's the exchange rate today?	Kọliki je danas mjẹnjački tečaj (kurs)?
How many kunas do I get for $100?	Kọliko ću kuna dọbiti za sto dọlara?
I'd like to change this traveler's check/this eurocheque/this money order.	Želim ụnovčiti ovaj pụtnički ček/ ẹuro-ček/ovu pọštansku ụputnicu.
What's the maximum I can cash on one check?	Na koji ga nạjviši iznos mogu ispọstaviti?
Can I see your check card, please?	Molim Vašu čẹkovnu kartu.
May I see your passport/ identification card, please?	Molim Vašu putọvnicu (Vaš pasoš)/ọsobnu kartu.

Sign here, please.	Izvọlite ovdje potpịsati.
I'd like to withdraw ... dollars/kunas from my account/postal savings account book.	Htio (Htjela f) bih pọdići ... dọlara/ kuna sa svog račụna/svoje pọštanske štedne knjịžice.
Has any money been transferred to my account/for me?	Je li novac za mene dọznačen na moj račun?
Go to the cashier/cash desk, please.	Izvọlite poći na blạgajnu.
How would you like the money?	Koju vrstu novca žẹlite?
Only bills, please.	Molim samo novčạnice.
Some small change, too, please.	I malo sitnịša.

I'd like three 1,000 kuna bills and the rest in small change, please.

Molim tri novčanice od tisuću kuna, a ostatak u sitnišu.

I've lost my traveler's checks. What do I have to do?

Izgubio sam svoje putničke čekove. Što moram sada uraditi?

Word List: Money Matters

account	račun
amount	iznos
automatic teller machine	automat za izdavanje novca
bank	banka
bank account	bankovni račun
bank code number	broj banke
bank note, bill	novčanica
cash	gotovina
in cash	u gotovu
to change, to exchange	promijeniti
check	ček
to cash a check	unovčiti ček
to write (out)/to issue a check	ispostaviti ček
check card	čekovna karta
check charge	čekovna pristojba
checkbook	čekovna knjižica
coin	novčić, kovan novac
small coin, small change	sitniš
commission	provizija
counter, window *(in a bank)*	šalter
credit card	kreditna kartica
currency	valuta
dollar	dolar
eurocheque	euro-ček
exchange of money	mjenjanje novca
exchange rate	mjenjački tečaj/kurs
foreign currency	devize
foreign exchange office	mjenjačnica
form	obrazac, formular
money	novac
order for payment *(post office)*	isplatni nalog

to pay	plạtiti
to pay in, to deposit	uplạtiti
to pay out, to disburse	isplạtiti
payment	plạćanje
PIN number	šifra, tajni broj
post office savings bank	pọštanska štediọnica
post office savings book	pọštanska štedna knjịžica
postal money order	ụplatnica
postal money order	nọvčana dọznaka
postal money order	pọštanska ụputnica
rate of exchange	tẹčaj, *(colloq)* kurs
receipt	prịznanica
repayment order *(post office)*	pọvratna ịsplatnica
savings account	štedni rạčun
savings bank	štediọnica
savings book	štedna knjịžica
to sign	potpịsati
signature	pọtpis
transfer	dọznaka
wire transfer	telẹgrafska dọznaka
traveler's check	pụtnički ček
to withdraw	pọdići (novac)

At the Post Office
Na pošti

Where's the nearest post office/mailbox?	Gdje je nạjbliža pošta/nạjbliži pọštanski sạndučić?
How much does a letter/postcard …	Kọliko stoji pismo/dọpisnica …
to America	za Amẹriku?
to Germany	za Njẹmačku?
to Austria	za Ạustriju?
to Switzerland	za Švịcarsku?
… cost?	
Three … kuna stamps, please.	Tri marke po … kụna, molim

Stamps and picture postcards are also available in tobacco stores. The sign will read: DUHAN.

I'd like to send this letter ...
  by registered mail.
  by airmail.
  express.

Ovo pismo molim ...

  preporučeno.
  avionom.
  hitno.

How long does a letter to America take?

Koliko putuje pismo u Ameriku?

Can I also buy special issues here?

Mogu li kod Vas dobiti i prigodne marke?

This set/One each of those, please.

Ovu seriju/Po jednu marku, molim.

Held Mail

Post-restant

Is there any mail for me?

Ima li pošte za mene?

My name is ...

Moje ime je ...

No, there's nothing for you.

Ne, nema ništa.

Yes, there's something for you. May I see your passport, please?

Da, ima nešto. Molim Vas osobnu kartu.

Telegrams/Faxes

Telegrami/Telefaks

I'd like to send a telegram.

Htio (Htjela f) bih predati telegram (brzojav).

Could you help me fill out the form, please?

Možete li mi pomoći da ispunim formular?

What is the charge per word?

Koliko stoji (colloq košta) jedna riječ?

Up to ten words it costs ..., each additional word is...

Do deset riječi stoji ..., svaka daljnja riječ ...

Will the telegram get to ... today?

Hoće li telegram (brzojav) stići još danas u ...?

Can I send a fax from here to ...?

Mogu li kod Vas poslati telefaks u ...?

Word List: Post Office

► See Word List: Money Matters

acknowledgment of receipt	priznanica
address	adresa, naslov
addressee, recipient	primalac
airmail	avionom
bill of lading	sprovodnica
business hours, service hours	radno vrijeme šaltera
charge	poštarina
COD (cash/collect on delivery)	pouzećem
counter, window	šalter
customs declaration	carinska deklaracija
declaration of value	oznaka vrijednosti
destination	odredište
envelope	omotnica, kuverta
to fill out	ispuniti
form	obrazac, formular
to forward	proslijediti
letter	pismo, list
express letter	hitno pismo
registered letter	preporučeno pismo
to mail *(letter)*, to send *(telegram)*	predati
mail carrier/*(f)* mail carrier *(m)*	listonoša *m*, *(colloq)* poštar/ica
mailbox	poštanski sandučić
parcel, package	paket
small parcel	mali paket
post office	pošta
main post office	glavna pošta
postage	poštarina
postal collection	pražnjenje
postcard	dopisnica
printed matter	tiskanica
to send	poslati
sender	pošiljalac
stamp	poštanska marka
to stamp, to put a stamp on	frankirati, platiti poštarinu
stamp vending machine	automat za prodaju maraka
telex	teleks
weight	težina
zip code	poštanski broj

Telephoning

Telefoniranje

Could I use your telephone?	Smijem li se poslužiti Vašim telefonom?
Where's the nearest phone booth?	Gdje je najbliža telefonska govornica?
Can you give me a phone token/phonecard, please?	Molim Vas možete li mi dati jedan žeton/jednu telefonsku karticu?
Can you make change for me, please? I need some coins to make a phone call.	Molim Vas možete li mi promijeniti? Trebam sitniša za telefoniranje.
Do you have a ... phone directory?	Imate li telefonski imenik ...?
What's the prefix for ...?	Koji je pozivni broj za ...?
Information, please give me the number of/for the ...	Informacije, molim vas broj od ...

police	92
fire department	93
emergency service	94
the time	95
Croatian Automobile Club	9 87
telephone information service	9 88

I'd like to make a long-distance call to ...	Molim međugradski razgovor s(a) ...
I'd like to make a collect call.	Htio (Htjela *f*) bih najaviti R-razgovor.
Can you put me through to/connect me with ..., please?	Možete li me, molim, povezati s(a) ...?
Go to booth number ...	Izvolite u kabinu broj ...
The line is busy.	Linija je zauzeta.
There's no answer.	Nitko se ne javlja.
Hold the line, please.	Ne prekidajte, molim.
This is ... speaking.	Ovdje je ...
Hello, who's speaking?	Halo, tko je tamo?
May I speak to Mr./Mrs., Ms./Miss ..., please?	Molim, mogu li govoriti s gospodinom/gospođom/gospođicom ...?
Speaking.	Pri (*colloq* na) telefonu.
I'll put you through/connect you.	Spojit ću Vas.
I'm sorry, he/she is not here/at home.	Žalim, on/ona nije ovdje/kod kuće.
When will he/she be back?	Kada će se on/ona vratiti?
Can he/she call you back?	Može li Vas on/ona zvati?
Yes, my number is ...	Da, moj broj je ...
Would you like to leave a message?	Želite li ostaviti neku poruku?
Would you please tell him/her that I called?	Molim, hoćete li mu/joj reći da sam zvao (zvala *f*)?
Could you give him/her a message?	Možete li mu/joj nešto isporučiti?
I'll call back later.	Zvat ću kasnije opet.
Wrong number.	Krivo spojeno.
This number is not in service./This is not a working number.	Nema priključka na ovaj broj.

Word List: Telephoning

to answer the phone	podići slušalicu
answering machine	uređaj za odgovor
automatic change giver	automatski mjenjač novca
busy	zauzet
busy signal	znak zauzeća
buzzing tone	zujanje
to call, to phone	telefonirati, *(colloq)* nazvati
central telephone office	telefonska centrala
charge	poštarina, pristojba
unit (of charge)	tarifna jedinica
to dial	birati
to dial direct	direktno birati
dial tone	znak slobodne linije
directory information	informacije
line	veza
long-distance call	međugradski razgovor
operator	posredovna centrala
pay phone	javna govornica
phone card	tele fonska kartica
prefix	pozivni broj
receiver	slušalica
telephone	telefon
telephone book	telefonski imenik
telephone booth	telefonska kabina
telephone call	poziv, razgovor, telefonski razgovor
collect call	R-razgovor
international call	inozemni razgovor
local call	mjesni razgovor
telephone number	telefonski broj
telephone repair service	mjesto smetnje
telephone token	žeton
yellow pages	poslovni imenik

At the Police Station

Na policiji

▶ See also Chapter 3, Car/Motorcycle/Bicycle – Traffic Accident

Where's the nearest police station, please?	Molim Vas gdje je najbliža policijska postaja?
I'd like to report a theft/loss/accident.	Htio (Htjela *f*) bih prijaviti krađu/gubitak/nesreću.

My ...
   purse/handbag
   wallet
   camera
   car/bike
has been stolen.

Netko mi je ukrao ...
   torbicu.
   lisnicu.
   moj foto-aparat.
   moj auto/bicikl.

My car has been broken into.	Netko je provalio u moj auto.
Someone stole ... from my car.	Netko je ukrao ... iz mog auta.
I've lost ...	Izgubio (Izgubila *f*) sam ...
My son/My daughter has been missing since ...	Moj sin je nestao/Moja kći je nestala od ...

This man is bothering/annoying me.	Ovaj me čovjek napada.
Can you help me, please?	Molim Vas možete li mi pomoći?
When exactly did it happen?	Kada se to točno dogodilo?
We'll look into the matter.	Istražit ćemo to.
I have nothing to do with it.	Nemam ništa s tim.
Your name and address, please.	Molim Vas Vaše ime i adresu.
Get in touch with the American consulate, please.	Molim Vas obratite se na američki konzulat.

Word List: Police

to arrest, to seize, to confiscate	zaplijeniti
to arrest, to take into custody	uhititi
attack	prepad
to beat up	razbiti
billfold, wallet	novčanik
to bother, to annoy	napadati, dosađivati
to break into/open	provaliti
car key	ključ od auta
car radio	auto-radio
court	sud
crime	zločin
custody, detention	istražni zatvor
drugs	droga
guilt	krivica
identification card, ID	osobna iskaznica
judge	sudac/sutkinja
key	ključ
lawyer, attorney	odvjetnik, advokat
to lose	izgubiti
papers, documents	dokumenti
passport	putovnica
pickpocket	džepar
police	policija
police car	policijska kola
policeman/woman	policajac/-cajka
prison	zatvor
rape	silovanje
to report	prijaviti
smuggling	krijumčarenje, šverc
theft	krađa
thief	kradljivac, lopov
vehicle registration certificate	prometna dozvola

Lost and Found

Nalazni ured

Where's the lost and found office, please?	Molim Vas gdje je nalazni ured?

I've lost …

I left my purse/
handbag on the train.

Please let me know if
it's turned in/found.

Here's the address of
my hotel/my home
address.

Izgubio (Izgubila *f*) sam …

Zaboravio (Zaboravila *f*) sam torbicu
u vlaku.

Molim obavijestite me ako je netko
preda/nađe.

Ovo je moja hotelska/zavičajna
adresa.

10 **Health**
Zdravlje

At the Pharmacy
U ljekarni

Where's the nearest pharmacy (with all-night service)?	Gdje je najbliža ljekarna/apotęka (s noćnom službom)?
Please give me something for ...	Molim Vas nešto protiv ...
You need a prescription for this medication.	Za ovaj lijek je pǫtreban recept.
Can I wait for it?	Mogu li na to pričekati?
When can I pick it up?	Kada mogu doći po to?

Word List: Pharmacy

► See also Word List: Doctor/Dentist/Hospital

absorbent cotton	vata
adhesive tape	flaster
antibiotic	antibiǫtik
antidote	protuǫtrov
aspirin	aspirin
birth control pill	kontracępcijska pilula
camomile tea	čaj od kamilice
cardiac stimulant	sredstvo za krvotok
charcoal tablets	ugljene tablęte
condom	prezervǎtiv, kondom
cough syrup	sirup protiv kašlja
disinfectant	sredstvo za dęzinfekciju
to dissolve	rastopiti
drops	kapljice
ear drops	kapljice za uši
elastic bandage	elǎstični zavoj
externally	spolja
eye drops	kapljice za oči
gargle	voda za grgljanje
gauze bandage	gaza
glucose, dextrose	grožđani šećer
headache tablets	tablęte protiv glavǫbolje
insect repellent	sredstvo protiv insekata
insulin	insulin
internally	iznutra
laxative	sredstvo za čišćenje

medicine, medication	lijek
ointment for burns	mast (f) protiv opeklina
ointment, salve	mast (f)
pain pills, painkillers, analgesic tablets	tablete protiv bolova
powder	puder
prescription	recept
remedy, cure, drug, medicine	sredstvo, lijek
sedative	sredstvo za umirenje
side effects	sporedna djelovanja
sleeping pills	tablete za spavanje
stomach drops	kapljice za želudac
sunburn	opekline (f) pl od sunca
suppositories	čepići
tablet, pill	tableta
to take (medicine)	uzeti (lijek)
after eating, after meals	poslije jela
before eating, before meals	prije jela
on an empty stomach	natašte
thermometer	toplomjer
throat lozenges	tablete za grlo
tincture of iodine	jod-tinktura

At the Doctor
Posjet liječniku

Can you recommend a good ...?	Možete li mi preporučiti dobrog ...?
dermatologist	liječnika za kožne bolesti
doctor	liječnika
ear, nose, and throat specialist/ otorhinolaryngologist	liječnika za uho, grlo, nos
eye doctor/ ophthalmologist	liječnika za oči
general practitioner, GP	liječnika opće prakse
gynecologist	liječnika za ženske bolesti
internist/specialist in internal medicine	liječnika za unutarnje bolesti
neurologist	liječnika za živčane bolesti

nonmedical practitioner	travara
pediatrician	liječnika za dječje bolesti
urologist	urologa
Where's his/her office?	Gdje je njegova ordinacija?
What are the office hours?	Kada ordinira?
What's the trouble?	Kakve tegobe imate?
I don't feel well.	Ne osjećam se dobro.
I have a temperature.	Imam temperaturu.
I can't sleep.	Ne mogu spavati.
I often feel sick/dizzy.	Često mi je zlo/mi se vrti u glavi.
I fainted.	Pao (Pala *f*) sam u nesvijest.
I have a bad cold.	Jako sam nahlađen/a *(f)*
I have a headache.	Boli me glava.
I have a sore throat.	Boli me grlo.
I have a cough.	Kašljem.
I've been stung/bitten.	Nešto me je ubolo/ujelo.
I have an upset stomach.	Pokvario (Pokvarila *f*) sam želudac.
I have diarrhea.	Imam proljev.
I'm constipated.	Imam tvrdu stolicu.
The food/The heat doesn't agree with me.	Ne podnosim jelo/vrućinu.

I hurt myself.	Ozlijedio (Ozlijedila *f*) sam se.
I fell down.	Pao (Pala *f*) sam.
I think I've broken/sprained my ...	Mislim da sam slomio/uganuo (slomila/uganula *f*) ...
Where does it hurt?	Gdje boli?
It hurts here.	Ovdje me boli.
Does that hurt?	Da li ovdje boli?
I have high/low blood pressure.	Imam visok/nizak krvni tlak.
I'm a diabetic.	Ja sam dijabetičar, *(colloq)* šećeraš
I'm pregnant.	Trudna sam.
I had ... recently.	Nedavno sam imao (imala *f*) ...

Please roll up your sleeve.	Izvolite se svući/osloboditi ruku.
Take a deep breath, please.	Molim dišite duboko.
Hold your breath.	Zadržite disanje.
Open your mouth.	Otvorite usta.
Show me your tongue.	Pokažite jezik.
Cough, please.	Kašljite, molim.
How long have you been feeling like this?	Koliko se dugo već osjećate tako?
Do you have a good appetite?	Imate li apetita?
I've lost my appetite.	Nemam apetita.
Do you have a vaccination certificate?	Imate li potvrdu o cijepljenju?
I've been vaccinated against ...	Cijepljen sam protiv ...
You'll have to be X-rayed.	Moramo Vas rendgenski pregledati.
I need a blood/urine sample.	Trebam pretragu krvi/mokraće.
I'll have to refer you to a specialist.	Moram Vas poslati specijalistu.
You'll need an operation.	Morat ćete na operaciju.
You need a few days of bed rest.	Treba da ležite nekoliko dana.
It's nothing serious.	Nije ništa ozbiljno.
Can you give me/ prescribe something for ...?	Molim Vas možete li mi dati/prepisati nešto protiv ...?
I usually take ...	Obično uzimam ...
Take one tablet/pill before going to bed.	Uzimajte po jednu tabletu prije spavanja.
Here's my international medical insurance card.	Ovdje je moj međunarodni bolesnički list.
Can you give me a medical certificate, please?	Molim Vas možete li mi dati liječničku potvrdu?

At the Dentist

Kod zubara

I have a (terrible) toothache.	Imam (jaku) zubobolju.
This tooth (up above/ down below/in the front/in back) hurts.	Boli me ovaj zub (gore/dolje/ sprijeda/straga).
I've lost a filling.	Izgubio sam plombu.
I've broken a tooth.	Slomio sam zub.
I'll have to fill it.	Moram ga plombirati.
I'll do only a temporary job.	Popravit ću ga samo provizorno.
I'll have to pull it.	Moram ga izvaditi.
This tooth needs a crown.	Na ovaj zub mora doći kruna.
I'd like an injection, please./I don't want an injection.	Molim dajte mi injekciju/Molim bez injekcije.
Rinse well, please.	Izvolite dobro isprati.
Can you repair this false tooth?	Možete li popraviti ovu protezu?
Come back in two days so that I can look at it.	Izvolite opet doći za dva dana zbog kontrole.
See your dentist as soon as you get home.	Javite se kod kuće odmah svojem zubaru.

At the Hospital

U bolnici

How long will I have to stay here?	Koliko moram ostati ovdje?
I'm in pain/I can't sleep. Could you give me a painkiller/sleeping pill, please?	Imam bolove/Ne mogu zaspati. Molim Vas jednu tabletu protiv bolova/za spavanje.
When can I get up?	Kada ću smjeti ustati?
Could you give me a certificate stating the diagnosis and the length of my hospital stay, please?	Molim Vas potvrdu s dijagnozom o duljini boravka u bolnici.

Word List: Doctor/Dentist/Hospital

abdomen	trbuh
abscess	čir, apsces
AIDS	sida, aids (eds)
allergy	alergija
anesthesia (general)	narkoza
angina	angina
ankle	gležanj
apoplectic fit, apoplexy	moždana kap *(f)*
appendicitis	upala slijepog crijeva
appendix	slijepo crijevo
arm	ruka
asthma	astma
attack	napadaj
back	leđa *(n pl)*
backache	bolovi u leđima
bandage, dressing	zavoj
to bandage, to dress	previti
to be allergic to	biti alergičan na
to be hoarse	biti promukao
bladder	mjehur
to bleed	krvariti
bleeding	krvarenje
blood	krv *(f)*
blood group	krvna grupa
blood poisoning	otrovanje krvi

blood pressure, high/low	krvni pritisak, visok/nizak
blood test, blood sample	pretraga krvi
blood transfusion	transfuzija krvi
bone	kost *(f)*
bowel movement	stolica
brain	mozak
to breathe	disati
difficulty in breathing	teškoće pri disanju
broken	slomljen
bronchial tubes	bronhije
bronchitis	bronhitis
bruise	zgnječenje
bruise, contusion	izljev krvi
burn	opeklina
bypass	bypass (bajpas)
cancer	rak
cavity (in a tooth)	rupa (u zubu)
certificate	atest, potvrda
certificate of referral	zdravstvena knjižica/uputnica
chest, thorax	prsa *(n pl)*
chicken pox	vodene kozice *(f pl)*
chill, shivering fit	drhtavica, groznica
cholera	kolera
circulatory disorder	poremećaj krvotoka
cold (in the head)	hunjavica
cold, chill	nahlada
afflicted with a cold	nahlađen
to catch cold	nahladiti se
colic	kolik
collarbone	ključna kost *(f)*
concussion	potres mozga
constipation	zatvor, tvrda stolica
contagious	zarazan
cough	kašalj
cramp, convulsion	grč
crown	kruna
cut	posjekotina
denture, false tooth	proteza
diabetes	šećerna bolest *(f)*, dijabetes
diagnosis	dijagnoza
diarrhea	proljev
diet	dijeta
digestion	probava
diphtheria	difterija

to disinfect	raskužiti
dizziness, vertigo	vrtoglavica
ear	uho
middle ear inflammation, otitis media	upala srednjeg uha
eardrum	bubnjić
elbow	lakat
esophagus	jednjak
examination	pregled
examination with ultrasound	pregled ultrazvukom
eyes	oči
face	lice
to fester, to discharge pus/matter, to suppurate	gnojiti se
fever, (elevated) temperature	temperatura
filling	plomba
finger	prst
food poisoning	otrovanje hranom
foot	stopalo
fracture	prijelom kosti
frontal sinusitis	upala sinusa
gallbladder	žučni mjehur
gas (pains), flatulence	vjetrovi, nadimanje
genital/reproductive organs	spolni organi
German measles, rubella	rubeola
gland	žlijezda
gums	desni *(f pl)*
hand	ruka
hay fever	peludna hunjavica
head	glava
headache	glavobolja
health insurance certificate	zdravstvena knjižica
health insurance plan	socijalno osiguranje
hearing	sluh
heart	srce
cardiac defect	srčana mana
cardiac infarct	srčani infarkt
heart attack	srčani napadaj
heart specialist, cardiologist	specijalist za srce, kardiolog

heart trouble	srčane tegobe
heartburn	žgaravica
hematoma	izljev krvi
hemorrhoids	šuljevi, hemoroidi
hernia	prijelom prepona
hip	kuk
hospital	bolnica
hospital ward	odjel (u bolnici)
illness, sickness, disease	bolest *(f)*
indigestion	probavne smetnje *(f pl)*
infection	infekcija
inflammation, irritation	upala
influenza, flu	gripa
infusion	infuzija
injection, shot	injekcija
to injure	ozlijediti
injury	ozljeda
to inoculate, to vaccinate, to immunize	cijepiti
inoculation, vaccination	cijepljenje
insomnia, sleeplessness	besanica
intestine(s), bowel(s)	crijevo
jaundice	žutica
jaw	čeljust *(f)*
joint	zglob
kidney	bubreg
inflammation of the kidneys, nephritis	upala bubrega
kidney stone	bubrežni kamenac
knee	koljeno
leg	noga
limbs	udovi
lip	usna
liver	jetra
loss/lack of appetite	nedostatak apetita
lower abdominal region	donji dio trbuha
lumbago	krstobolja
lungs	pluća *(n pl)*
malaria	malarija
measles	ospice
menstruation	menstruacija
migraine	migrena
miscarriage	pobačaj
mouth	usta
mumps	zaušnjaci *(m pl)*

muscle	mišić
nausea	mučnina, podražaj na povraćanje
neck	vrat
nerve	živac, nerv
nervous	živčan, nervozan
nose	nos
nosebleed	krvarenje iz nosa
nurse	medicinska sestra
office, practice	ordinacija
office hours	vrijeme ordiniranja
operation	operacija
pacemaker	pacemaker (pejsmejker)
pain(s)	bolovi
paralysis	paraliza
pneumonia	upala pluća
poisoning	otrovanje
polio, infantile paralysis	dječja paraliza
pregnancy	trudnoća
to prescribe	prepisati (lijek)
prosthesis, artificial limb	proteza
pulse	bilo, puls
pus	gnoj
rash	osip
rheumatism	reuma
rib	rebro
rib cage, thoracic cage	prsni koš
rupture, hernia	prijelom
salmonella	salmonele
scar	ožiljak
scarlet fever, scarlatina	šarlah
sciatica	išijas
to sew, to stitch	šiti
shin, tibia	cjevanica
shoulder	rame
sick, ill	bolestan
skin	koža
skin disease	kožna bolest *(f)*
skull	lubanja
smallpox	velike boginje
specialist	liječnik-specijalist
spine, backbone	kičma
splint	uloga, udlaga
sprained	uganut
sting	ubod
stitch in the side	probadanje

stomach	žȩludac
stomachache	bȯlovi u žȩlucu
strain	rastȩzanje mȉšića
stroke	kap *(f)*
sunstroke, heatstroke	sunčȧnica
surgeon	kirurg
sweat, perspiration	znoj
to sweat	znȯjiti se
swelling	ȯteklina
swollen	ȯtekao, nadȕven
tetanus	tȩtanus
throat	grlo
sore throat	grlȯboljato hurt bȯljeti
toe	nožni prst
tongue	jezik
tonsillitis	ȕpala krȧjnika
tonsils	krȧjnici
tooth	zub
incisor	sjekȕtić
molar	kutnjak
to pull (a tooth)	ȉzvaditi (zub)
toothache	zubȯbolja
torn ligament	pȕcanje tȩtiva
tumor, swelling	ȯteklina, tumor
typhus	tȉfus
ulcer	čir
unconscious	bȩsvjestan, u nesvijesti
unconsciousness	nȩsvijest *(f)*
urine	mȯkraća
vaccination/inoculation certificate	pȯtvrda o cijȩpljenju
vein	žila
venereal disease	spȯlna bolest *(f)*
virus	virus
visiting hours	vrijȩme pȯsjeta
to vomit, to throw up	pȯvraćati
waiting room	čekaȯnica
whooping cough, pertussis	hrȉpavac
wound	rana
X-ray (picture)	rȩndgenski snimak
to X-ray	rendgenizȉrati
yellow fever	žuta grȯznica

At a Health Resort
Na liječenju

Does this clinic provide financial aid?	Da li ova klinika prihvaća socijalnu pripomoć?
What was your doctor's diagnosis?	Koju je dijagnozu postavio Vaš liječnik?
How many more treatments am I scheduled for?	Koliko ću još tretmana primiti?
I'd like some additional ...	Htio (Htjela f) bih još nekoliko dodatnih ...
Could I reschedule the appointment?	Mogu li dobiti neki drugi termin?

Word List: Health Resort

application	primjena, tretman
bath	kupka
footbath	kupka za noge
medicinal bath	medicinska kupka
mud bath	blatna kupka
saltwater bath	kupka u slanoj vodi
steam bath	parna kupka
bath with exercise	kupka s gibanjem
biofeedback	autogeni trening
breathing therapy	liječenje disanjem
climatic health resort	klimatsko lječilište
cure	liječenje, kura
diet	dijeta
1,000-calorie diet	dijeta od 1000 kalorija
doctor at a health resort	kupališni liječnik
embryonal fresh cell (Niehans') therapy	liječenje svježim ćelijama
health resort, spa, watering place	lječilište, toplice
health resort clinic, spa clinic	lječilišna klinika
health resort plan	plan liječenja
health resort visitor's pass	lječilišna iskaznica
hot air	vrući zrak

hydrotherapy, Kneipp cure	Knajpova kura
hydrotherapy pool	Knajpov bazen
inhalation	inhalacija
to inhale	inhalirati
irradiation	zračenje
massage	masaža
underwater massage	podvodna masaža
to massage	masirati
massage of the connective tissue	masaža vezivnog tkiva
massage of the reflex zones	masaža refleksnih zona
masseur/masseuse	maser/ka
medicinal spring	ljekoviti izvor
mineral bath	mineralna kupka
mineral spring	mineralni izvor
mineral water cure	kura pijenja vode
mud pack	pakovanje blatom
naturopathy, treatment by natural remedies	liječenje prirodnim putem
pain therapy	liječenje bolovima
physical therapy	gimnastika za bolesnike
physiotherapy	fizioterapija
pump room	dvorana za pijenje vode
to purge	pročistiti organizam
quartz lamp, artificial sunlight	kvarc-lampa
remedy, medicine	lijek
rest cure	kura ležanja
sanatorium	sanatorij
seaside resort, watering place	morska kupka
stimulating climate	nadražajna klima
thermal bath, thermal springs resort	vruća kupka
thermal pool	termalni bazen
treatment	primjena, tretman, lijecenje
follow-up treatment	naknadna kura
ultrasound	ultrazvuk
volcanic mud	mineralno blato
yoga	joga

11 A Business Trip
Slูžbeni put

On the Way to a Business Meeting
Dugi put do poslovnog partnera

Can you tell me how to get to ..., please?	Molim Vas kako da dođem do ...?
Where's the main entrance?	Gdje je glavni ulaz?
My name is ... I'm from ... (company).	Zovem se ... Dolazim iz firme ...
May I speak to ..., please?	Mogu li govoriti s(a) ...?
Please tell ... that I'm here.	Molim Vas prijavite me kod ...
I have an appointment with ...	Imam sastanak kod ...
... is expecting you.	... Vas već očekuje.
He/She is still in a meeting.	On/ona je još na sastanku.
I'll take you to ...	Odvest ću Vas do ...
I'm sorry I'm late.	Molim Vas oprostite što kasnim.
Please sit down.	Izvolite sjesti.
May I offer you something to drink?	Smijem li Vam ponuditi neko piće?
Did you have a good trip?	Jeste li ugodno putovali?
How much time do we have?	Koliko vremena imamo?
When does your flight (plane) leave?	Kada polijeće Vaš zrakoplov (avion)?
I need an interpreter.	Trebam tumača.

Word List: Business Meeting

appointment	termin, dogovor
building	zgrada
conference center	centar za konferencije
conference room	soba za konferencije
department	odjel
doorman	vratar
entrance	ulaz
firm, company	firma, tvrtka
floor	kat
interpreter	tumač/ica
meeting	zasjedanje, (colloq) sastanak
office	ured
reception	prijam
secretary	tajnik/tajnica
secretary's office	tajništvo

Negotiations/Conferences/Trade Fairs
Pregovori/Konferencija/Sajam

I'm looking for the ... stand.	Tražim sajamski štand firme ...
Go to hall ..., stand number ...	Pođite u halu ..., štand broj ...
We manufacture ...	Mi proizvodimo ...
We deal in ...	Mi trgujemo s(a) ...
Do you have information on ...?	Imate li informacijski materijal o ...?
We can send you detailed information on ...	Možemo Vam poslati opširan materijal o ...
Who is the contact person for ...?	Tko je nadležan za ...?
Could you let us have a quote?	Možete li nam poslati ponudu?
We should arrange a meeting.	Treba da dogovorimo sastanak.
Here's my business card.	Izvolite moju posjetnicu.

Word List: Negotiations/Conferences/Trade Fairs

advertising	reklama
advertising campaign	reklamna kampanja
advertising material	reklamni materijal
agenda	dnevni red
agreement, contract	ugovor
terms/conditions of a contract	uvjeti ugovora
authorized dealer	trgovac po ugovoru
bill, invoice	račun
bill of sale	ugovor o kupoprodaji
booth	kabina
brochure	prospekt
business card	posjetnica
business partner/ associate	poslovni partner
business relations/ connections	poslovni odnosi
cash discount	skonto, popust
catalogue	katalog
commercial agent/ representative	trgovački zastupnik/-nica
concern	koncern
condition	uvjet
conference	konferencija
contact person	nadležni partner
cooperation	kooperacija
cost estimate	proračun troškova
costs	troškovi
customer	kupac, mušterija
delivery	dobava
terms/conditions of delivery	uvjeti dobave
delivery time	rok dobave
discount	popust
distribution	prodaja
distribution network	prodajna mreža
exhibitor	izlagač
list of exhibitors	spisak izlagača
exhibitor's pass	sajamska iskaznica
export	izvoz
exporter	izvoznik
fair authorities/ management	uprava sajma
financing	financiranje
freight	teret

guarantee	garancija
hall, pavilion	hala, dvorana
head office	centrala
import	uvoz
importer	uvoznik
industrial fair	industrijski sajam
information, informational material	informacijski materijal
information stand	informacijski štand
insurance	osiguranje
to be interested in	zanimati se za
joint venture	joint venture
leasing	leasing
license, (license agreement/contract)	licenca, (ugovor o licenci)
manufacturer	proizvođač
marketing	marketing
meeting	susret
meeting point	meeting point (mjesto sastanka)
minutes (of a meeting)	zapisnik
offer	ponuda
order	narudžba
confirmation of an order	potvrda narudžbe
packing, packaging	pakiranje
payment terms/conditions of payment	uvjeti plaćanja
price	cijena
price list	cjenik
pro forma invoice	pro-forma račun
production	proizvodnja
public relations, PR	odnosi s javnošću
retailer	trgovac / trgovkinja na malo
sales contract	ugovor o kupoprodaji
sales promotion	poticanje prodaje
sales representative	zastupnik/-nica
sales tax	porez na promet
salesman/saleswoman	prodavač/prodavačica
sample	uzorak
sole agency/agents	generalno zastupstvo
stand/booth/stall at a fair	sajamski štand
subsidiary	podružnica
supplier	dobavljač
talk, presentation	predavanje
trade fair	stručni sajam
trade fair, show	sajam

trade fair center	sajamski centar
trade fair discount	sajamski rabat
trade fair hostess	sajamska domaćica
trade fair service	sajamski servis
training	školovanje
transportation, shipment	prijevoz, transport
VAT, value added tax	porez na dodatnu dobit
wholesaler	trgovac / trgovkinja na veliko

Equipment

Oprema

Could you make me some copies of this, please?	Možete li mi od ovoga načiniti nekoliko kopija?
I need an overhead projector for my talk.	Za moje predavanje trebam projektor za danje svjetlo.
Could you get me ..., please?	Molim Vas, da li biste mi nabavili ...?

Word List: Equipment

catalogue	katalog
color copier	aparat za kopiranje u boji
copy	kopija
diskette	disketa
display material	materijal za izlaganje
extension cord	produžni kabel
fax	telefaks
flip chart	flip-chart
lectern	govornički stalak
microphone	mikrofon
modem	modem
overhead projector	projektor za danje svjetlo
PC (personal computer)	PC
pen	olovka
fiber-tip pen	flomaster
photocopier	foto-kopirni aparat
printer	štampač
telephone	telefon
telex	teleks
video recorder	videorekorder
word processing system	sistem obrade teksta
writing pad	blok za pisanje

A Short Grammar

The Language

Croatian is one of the five related South Slavic languages spoken on the Balkan peninsula. It is spoken throughout Croatia and in parts of Bosnia-Herzegovina. The four other languages are Serbian (Serbia, Montenegro, parts of Bosnia-Herzegovina), Slovenian (Slovenia), Macedonian (Macedonia), and Bulgarian (Bulgaria).

The extremely close relationship between Croatian and Serbian led to a dispute that has lasted for over a century: Is there one language with two variants, or are there two independent languages?

As a result of political developments, the previous names (Serbo-Croatian, Croato-Serbian) were replaced by two separate terms: Croatian and Serbian.

The differences between the two languages are ones of vocabulary and, in particular, pronunciation. The Old-Slavic sound "yat" becomes **ije** when long and **je** when short (**je**kavski) in Croatian, as in ml**ije**ko and v**je**ra, while in Serbian it becomes **e** (**e**kavski), as in ml**e**ko and v**e**ra.

Nouns

Gender

Croatian has neither a definite nor an indefinite article. There are three genders: masculine, feminine, and neuter.

Either the meaning of a word (natural gender; for example, sluga *(m)* manservant, valet) or its ending (grammatical gender) will indicate the gender.

Ends in a consonant	Masculine	vija**k**	screw
		bro**d**	ship
Ends in -a	Feminine	ulic**a**	street
		sob**a**	room
Ends in -o -e	Neuter	sel**o**	village
		vin**o**	wine
		mor**e**	sea

There are a small number of exceptions to this rule. They are indicated in the dictionary with *(m), (f), (n)*.

Declension

Croatian, like English, has two numbers: singular and plural. Unlike English, however, it has seven cases. They are distinguished by their endings.

1. Nominative	answers the question	who? or what?
2. Genitive	answers the question	whose? or from/of whom?
3. Dative	answers the question	to whom? (indirect object)
4. Accusative	answers the question	whom? or what? (direct object)
5. Vocative		in direct address
6. Prepositional (Locative)		denotes place or place where
7. Instrumental	answers the question	with/by what? with whom?

The vocative is the case used to designate the person or thing addressed:

sestr**o**! sister!, gospod**o** Novak! Mrs. Novak!

The prepositional is used only with prepositions:

a) in answer to the question **where**? – with *u* (in, at) and *na* (on, upon):

Bio sam **u** kin**u**/**na** krov**u**. I was in the movie theater/on the roof.

b) in answer to the question **about whom** or **what**? – with *o* (about, concerning):

On priča **o** brat**u**. He's speaking about his brother.

Oni govore **o** rad**u**. They're talking about work.

The instrumental

a) answers the question **with/by what?** and indicates the means or instrument (hence the name of this case) by which something is done:

Vozimo se vlak**om**. We're going by train.

Pišem per**om**. I write with a pen.

b) answers the question **with whom?** and indicates accompaniment:

Putujem **s** brat**om**. I'm traveling with my brother.

Masculine

With masculine nouns, a distinction is made in the singular between animate beings and inanimate objects. This distinction does not apply to feminine and neuter nouns.

For the first group (animate), the accusative and the genitive are identical in form; for the second group (inanimate), the nominative and the accusative are the same.

Singular	animate baker		inanimate day
1. Nominative	pekar	the baker	dan
2. Genitive	pekara	of the baker, the baker's	dana
3. Dative	pekaru	to the baker	danu
4. Accusative	pekara	the baker	dan
5. Vocative	pekare!	Baker!	dane!
6. Prepositional	pekaru	about the baker	danu
7. Instrumental	pekarom	with the baker	danom

Plural	bakers	days
1. Nominative	pekari	dani
2. Genitive	pekara	dana
3. Dative	pekarima	danima
4. Accusative	pekare	dane
5. Vocative	pekari!	dani!
6. Prepositional	pekarima	danima
7. Instrumental	pekarima	danima

Special Features

- Most one-syllable masculine nouns add -*ov* or -*ev* before the plural endings.

  krov roof, krov**ovi**; muž husband, muž**evi**:

- Masculine nouns that end in "soft" consonants

Ending	č	ć	dž	đ	j	lj	nj	š	ž

  take the ending -*em* instead of -*om* in the instrumental:
  koš basket, koš**em**; konj horse, konj**em**.

- *k, g, h* become
  a) *č, ž, š* before -*e*
  b) *c, z, s* before -*i*:

junak	junače	junaci	hero

- *c, z, s* become č, ž, š before -*e*:

stric	striče	stričevi	uncle
knez	kneže	kneževi	duke

- Masculine nouns ending in -*a* (sluga *m* manservant, valet) are declined exactly like the corresponding feminine nouns.

Feminine

Singular	ending in -*a* woman, wife		ending in a consonant night
1. Nominative	žena	the woman	noć
2. Genitive	žene	of the woman, the woman's	noći
3. Dative	ženi	to the woman	noći
4. Accusative	ženu	the woman	noć
5. Vocative	ženo!	Woman!	noći!
6. Prepositional	ženi	about the woman	noći
7. Instrumental	žen**om**	with the woman	noć**u/i**

Plural	women	nights
1. Nominative	žene	noći
2. Genitive	žena	noći
3. Dative	ženama	noćima
4. Accusative	žene	noći
5. Vocative	žene!	noći
6. Prepositional	ženama	noćima
7. Instrumental	ženama	noćima

● Feminine nouns whose stems end in *k, g, h* retain these consonants before *-e*, but change them to *c, z, s* before *-i*:

ruka	ruke	ruci	hand
noga	noge	nozi	foot

Neuter

Singular	ending in *-o* village		ending in *-e* field
1 Nominative	selo	the village	polje
2. Genitive	sela	of the village, the village's	polja
3. Dative	selu	to the village	polju
4. Accusative	selo	the village	polje
5. Vocative	selo!	Village!	polje!
6. Prepositional	selu	in the village	polju
7. Instrumental	selom	with the village	poljem

Plural	villages	fields
1. Nominative	sela	polja
2. Genitive	sela	polja
3. Dative	selima	poljima
4. Accusative	sela	polja
5. Vocative	sela!	polja!
6. Prepositional	selima	poljima
7. Instrumental	selima	poljima

A few irregularities exist in all the declensions.

Adjectives

Adjectives, like nouns, have three grammatical genders.

In the masculine singular, Croatian has two alternative forms for the adjective:

a) the **indefinite.** It ends in a consonant (no**v** new, zele**n** green), and it is used predicatively for the most part, though it also is used attributively.

b) the **definite.** It ends in -*i* (nov**i** the new, zȩlen**i** the green) and is used only attributively.

Indefinite Form	Kaput je no**v**. On ima no**v** kaput.	The jacket is new. He has a new jacket.
Definite Form	Nov**i** kaput je zele**n**.	The new jacket is green.

In everyday usage today, the indefinite plays only a minor role; it is gradually being replaced by the definite form of the adjective. Dictionary entries, however, list the indefinite form.

The feminine form of the adjective is obtained by adding -*a* to the indefinite masculine adjective. The neuter is obtained by adding -*o* or -*e* to the indefinite masculine form. These rules apply only to adjectives with regular declensions.

	Masculine		Feminine		Neuter	
Singular	nov(**i**)	new	nov**a**	new	nov**o**	new
Plural	nov**i**	new	nov**e**	new	nov**a**	new

The adjective agrees with the noun or pronoun it modifies in gender, number, and case. When used as an attribute, it precedes the noun.

To **je** bio snaža**n** čovje**k**.	That was a strong man.
Lijȩp**e** žen**e** **su** rijȩtk**e**.	Pretty women are rare.
Naš**e** sel**o je** vrlo vȩlik**o**.	Our village is quite large.

The Declension of Adjectives

	Singular			Plural		
	m	*n*	*f*	*m*	*n*	*f*
1. Nominative	novi	novo	nova	novi	nova	nove
2. Genitive	novog(a)		nove	novih		
3. Dative	novom(u/e)		novoj	novim(a)		
4. Accusative *animate*	novi	novo	novu	nove	nova	nove
	novog(a)					
5. Vocative	novi!	novo!	nova!	novi!	nova!	nove!
6. Prepositional	novom(e)		novoj	novim(a)		
7. Instr.	novim		novom	novim(a)		

- The long forms *novoga, novome, novima* are used only alone or after the word they modify.
- Note that Croatian differentiates between an animate being and an inanimate object in the masculine accusative *(novog, novi)*.
- Adjectives that end in "soft" consonants (see page 178) have *-eg(a), -em(u)* instead of *-og(a), -om(u)* in the masculine and neuter genitive and dative.

     loš   lošeg(a)   lošem(u)   bad

Comparison of Adjectives

To form the comparative degree, add the endings *-iji*, (more rarely) *-ji*, and (very rarely) *-ši* to the indefinite masculine.
The superlative is formed by prefixing *naj-* to the comparative.

bogat	bogatiji	najbogatiji
rich	richer	richest
crn	crnji	najcrnji
black	blacker	blackest
lak	lakši	najlakši
easy	easier	easiest

- For the feminine and neuter forms, add the endings -*a* and -*e:* najbogatija, najbogatije.
- The comparative and the superlative are declined like definite adjectives ending in soft consonants:
  1. bogatiji,   2. bogatijeg(a),   3. bogatijem(u), etc.

Irregular Forms

dobar	bolji	najbolji
good	better	best
zao	gori	najgori
bad	worse	worst
mnogo	više	najviše
much	more	most
malo	manje	najmanje
little	less	least
velik	veći	najveći
large	larger	largest
malen	manji	najmanji
small	smaller	smallest
dug	dulji	najdulji
long	longer	longest
kratak	kraći	najkraći
short	shorter	shortest
visok	viši	najviši
high	higher	highest
dubok	dublji	najdublji
deep	deeper	deepest
lijep	ljepši	najljepši
pretty	prettier	prettiest
debeo	deblji	najdeblji
fat	fatter	fattest

Adverbs

Generally, adverbs derived from adjectives have exactly the same form as the neuter singular nominative or accusative of the adjective:

bogato richly   lijepo prettily   visoko highly   dobro well

Like adjectives, adverbs also have degrees of comparison:

bogato richly   bogatije more richly   najbogatije most richly

The most important adverbs:

blizu	near	malo	a little	ovdje	here
brzo	quickly	mnogo	a lot	rano	early
daleko	far	napokon	finally	sada	now
dolje	below	nigdje	nowhere	skoro	almost
gore	above, up	nikada	never	tamo	there
kasno	late	odmah	immediately	zatim	then, after that

Pronouns

Personal Pronouns

	I	you	he	it	she
1. Nominative	ja	ti	on	ono	ona
2. Genitive	mene, me	tebe, te	njega, ga		nje, je
3. Dative	meni, mi	tebi, ti	njemu, mu		njoj, joj
4. Accusative	mene, me	tebe, te	njega, ga		nju, je, ju
5. Vocative	–	ti!	–		–
6. Prepositional	meni	tebi	njemu		njoj
7. Instrumental	mnom(e)	tobom	njim(e)		njom(e)

	we	you	they		
1. Nominative	mi	vi	oni	ona	one
2. Genitive	nas	vas	njih, ih		
3. Dative	nam(a)	vam(a)	njima, im		
4. Accusative	nas	vas	njih, ih		
5. Vocative	–	vi!	–		
6. Prepositional	nama	vama	njima		
7. Instrumental	nama	vama	njima		

The long forms are used:

a) when there is special emphasis on the pronoun:
   Tebe volim nàjviše.   I love **you** most.

b) when the pronoun follows a preposition:
   Budi dobar prema **meni**.   Be good to me.

Otherwise, the short forms, which are enclitic (unaccented, forming an accentual unit with the preceding word), are used:
Vidim **te** dobro.   I see you well.
To sam **mu** već rêkao.   I've already told him that.

The second person plural, *vi*, is employed as a polite form of address. In correspondence (and in textbooks) it is capitalized:
Vi ste vrlo ljùbazni.   You're very kind.
Hvala **Vam** na **Vašem** pismu. Thank you for your letter.

Possessive Pronouns

Possession \ Possessor	Singular			Plural	
	m	*f*	*n*	*m/f/n*	
Singular	moj tvoj njègov njezin	moja tvoja njègova njezina	moje tvoje njègovo njezino	moji/e/a tvoji/e/a njègovi/e/a njezini/e/a	my, mine your, yours his, its her, hers
Plural	naš vaš njihov	naša vaša hjìhova	naše vaše njìhovo	naši/e/a vaši/e/a njìhovi/e/a	our, ours your, yours their, theirs

The possessive pronouns are declined like "soft" or "hard" adjectives:

1. moj, 2. mòjeg(a), 3. mòjem(u) 4. moj, mòjeg(a), etc.
1. njihov, 2. njìhovog(a), 3. njìhovom(u), etc.

The reflexive possessive pronoun *svoj* is used whenever the person or thing designated is identical with the subject of the sentence:

Ja volim svoju ženu.   I love my (own) wife.
On je ùzeo svoj šešir.   He took his (own) hat.

Demonstrative Pronouns

m	f	n	
ovaj	ova	ovo	this (here, near the speaker)
taj	ta	to	that (there, near the person spoken to)
onaj	ona	ono	that (over there, far from both the first and the second person)

	Singular			Plural		
	m	n	f	m	n	f
1. Nominative	taj	to	ta	ti	ta	te
2. Genitive	tog(a)		te	tih		
3. Dative	tome/u	tome	toj	tim(a)		
4. Accusative	tog(a)	to	tu	te	ta	te
5. –						
6. Prepositional	tom(e)		toj	tim(a)		
7. Instrumental	tim(e)		tom	tim(a)		

The declension of *ovaj, ova, ovo* and *onaj, ona, ono* follows the pattern above.

The short forms follow prepositions, while the long forms stand alone.

Interrogative and Relative Pronouns

	Nom.	Gen.	Dat.	Acc.	Prep.	Inst.
who?	tko	kog(a)	komu(e)	koga	komu(e)	kim(e)
what?	što	čeg(a)	čemu	što	čem(u)	čim(e)

koji/koja/koje?   which?
čiji/čija/čije?   whose?
kakav/kakva/kakvo?   what kind of?

!

Verbs

The Infinitive

The infinitive ending of regular verbs is *-ti,*

pitati to ask, *čuti* to hear, *voziti* to drive

some irregular verbs end in *-ti* or *-ći.*

dati to give, *reći* to say, *doći* to come

The Present Tense

Regular Verbs

Regular verbs form the present tense by adding the personal endings to the present stem (the infinitive minus *-ti*).

The verb forms are usually used without personal pronouns as subjects. The person is indicated by the verb ending.

Verbs may be classified by the first person singular of their present tense. Thus there are four groups: verbs ending in *-am, -jem, -em,* or *-im.*

	pitati to ask	čuti to hear	rasti to grow	raditi to work
(ja)	pit**am**	čuj**em**	rast**em**	rad**im**
(ti)	pita**š**	čuje**š**	raste**š**	radi**š**
(on/a/o)	pita	čuje	raste	radi
(mi)	pit**amo**	čuj**emo**	rast**emo**	rad**imo**
(vi)	pit**ate**	čuj**ete**	rast**ete**	rad**ite**
(oni/e/a)	pita**ju**	čuj**u**	rast**u**	rade

The second person plural is also used for the polite form of address:

vi pitate
  — you (familiar plural) ask
  — you (polite singular and plural) ask

Auxiliary Verbs

	biti to be		htjeti to wish, to be willing	
	Long Form	Short Form	Long Form	Short Form
(ja)	jesam	sam	hoću	ću
(ti)	jesi	si	hoćeš	ćeš
(on/a/o)	jest	je	hoće	će
(mi)	jesmo	smo	hoćemo	ćemo
(vi)	jeste	ste	hoćete	ćete
(oni/e/a)	jesu	su	hoće	će

At the beginning of a sentence or when standing alone, the long
form is used, except in the third person singular.

Jesi li ti dobar? **Jesam.**   Are you good? (I) am.
Je li on vrijedan čovjek?   Is he a hardworking person?

The Perfect Tense and the Past Participle

The past participle is derived from the infinitive (for example,
pitati to ask) and agrees with the subject of the verb both in gen-
der and in number. The infinitive endings *-ti, -ći* are replaced with
the endings *-o, -la, -lo* (singular) and *-li, -le, -la* (plural):

	m	*f*	*n*	
Singular	pitao	pitala	pitalo	asked
Plural	pitali	pitali	pitala	

The perfect tense is a compound tense made up of the present
tense short forms of the auxiliary verb *biti* and the past participle.
The past participle can either follow or precede the auxiliary verb.
If the participle precedes the auxiliary verb, the personal pronoun
is omitted.

Participle follows			Participle precedes			
ja	sam	pitao/la	pitao/la	sam		I asked
ti	si	pitao/la	pitao/la	si		you asked
on		pitao	pitao		he	
ona	je	pitala	pitala	je	she	asked
ono		pitalo	pitalo		it	
mi	smo	pitali/le	pitali/le	smo		we asked
vi	ste	pitali/le	pitali/le	ste		you asked
oni		pitali	pitali			
one	su	pitale	pitale	su		they asked
ona		pitala	pitala			

The Future Tense

The future is a compound tense made up of the short present forms of the auxiliary verb *htjeti* and the infinitive. The infinite can either follow or precede the auxiliary verb.

If the infinitive precedes the auxiliary, the personal pronoun is omitted and the infinitive of verbs ending in *-ti* loses the final *-i*.

Verbs ending in *-ći* remain unchanged.

Infinitive follows			Infinitive precedes	
ja	ću			ću
ti	ćeš			ćeš
on				
ona	će			će
ono		pitati	pitat	
mi	ćemo	reći		ćemo
vi	ćete			ćete
oni				
one	će			će
ona				
			reći	ću
				etc.
I'll ask/say				

The Conditional

The conditional is made up of a form (the aorist) of the auxiliary verb *biti* that now is used only for this purpose, plus the past participle. As with the past tense, the participle may either precede or follow the auxiliary. If it comes after the auxiliary, the personal pronoun is omitted.

Participle follows			Participle precedes			
ja	bih	pitao/la	pitao/la	bih		I would ask
ti	bi	pitao/la	pitao/la	bi		you would ask
on		pitao	pitao			he
ona	bi	pitala	pitala	bi		she } would ask
ono		pitalo	pitalo			it
mi	bismo	pitali/le	pitali/le	bismo		we would ask
vi	biste	pitali/le	pitali/le	biste		you would ask
oni		pitali	pitali			they would ask
one	bi	pitale	pitale	bi		
ona		pitala	pitala			

The Reflexive Verbs

Reflexive verbs are formed by the addition of the reflexive pronoun *se* (oneself: myself, yourself, himself, etc.) for all persons. In the present, the pronoun precedes the conjugated form of the verb; in the compound tenses, it follows the auxiliary verb.

	veseliti se		to enjoy oneself
Present	ja	se veselim	I enjoy myself
Perfect	ja sam	se veselio/la	I enjoyed myself
Future	ja ću	se veseliti	I'll enjoy myself
Conditional	ja bih	se veselio/la	I would enjoy myself

Reflexive verbs are also used to replace the passive voice and in impersonal constructions:

slavi se   it is being celebrated
govori se   people speak

The Imperative (Command Form)

The imperative – including the polite form – is obtained by attaching the endings -*j*, -*i* (singular), and -*jte*, -*ite* (plural) to the present stem.

	pitati to ask	čuti to hear	rasti to grow	raditi to work
Singular	pitaj	čuj	rasti	radi
Plural	pitajte	čujte	rastite	radite

Negation

Negation is expressed with the negative particle *ne*:
  In the compound tenses, the corresponding negative form of the auxiliary verb is used:

biti: nisam, nisi, nije, nismo, niste, nisu

htjeti: neću, nećeš, neće, nećemo, nećete, neće

Present	ne pitam	I don't ask
Perfect	nisam pitao/la	I didn't ask
Future	neću pitati	I will not ask
Conditional	ne bih pitao/la	I would not ask

Interrogative

To ask a question, place the interrogative particle *li* after the verb.
  In the compound tenses, the corresponding form of the auxiliary verb is used.

biti: jesam li, jesi li, je li, jesmo li, jeste li, jesu li

htjeti: hoću li, hoćeš li, hoće li, hoćemo li, hoćete li, hoće li

Present	čuješ	li?		do you hear?
Perfect	jesi	li	čuo/la?	did you hear?
Future	hoćeš	li	čuti?	will you hear?
Conditional	bi	li	čuo/la?	would you hear?

Verbal Aspects

Croatian has two verb categories for almost every action or state of being:

a) the imperfective aspect (progressive, durative) indicates an action that is in progress, is repeated, or has no end to it implied,

b) the perfective aspect ("perfected" action) indicates the completion of an action.

piti – popiti   to drink

Pijem vino uz jelo.	I drink wine with meals.
Popio sam čašu vina.	I drank a glass of wine.

Some examples of aspectual pairs:

	to read	to send	to learn	to buy
imperfective	čitati	slati	učiti	kupovati
perfective	**pro**čitati	**po**slati	**na**učiti	kupiti

The great majority of verbs without prefixes (simple, uncompounded verbs) are imperfective. They are made perfective by the addition of a prefix:
čitati – **pro**čitati, slati – **po**slati.

Perfective verbs become imperfective through expansion of the verb stem:
kupiti – kup**ova**ti to buy.

Both aspects are given in the English-Croatian Dictionary section of this book. The imperfective is listed first, followed by the perfective.

Word Order

Word order in Croatian is relatively unfixed, or free. Basically, the verb immediately follows the subject.

Ja sam mu pričao mnogo o Vama.	I told him a lot about you.
Bilo je već kasno, kada sam došao kući.	It was already late when I came home.

Important Irregular Verbs

dati to give

Present	dam, daš, da, damo, date, dadu
Imperative	daj, dajte
Past Part.	dao, dala, dalo – dali, dale, dala

doći to come

Present	dođem, dođeš, dođe, dođemo, dođete, dođu
Imperative	dođi, dođite
Past Part.	došao, došla, došlo – došli, došle, došla

ići to go

Present	idem, ideš, ide, idemo, idete, idu
Imperative	idi, idite
Past Part.	išao, išla, išlo – išli, išle, išla

jesti to eat

Present	jedem, jedeš, jede, jedemo, jedete, jedu
Imperative	jedi, jedite
Past Part.	jeo, jela, jelo – jeli, jele, jela

moći to be able (can)

Present	mogu, možeš, može, možemo, možete, mogu
Past Part.	mogao, mogla, moglo – mogli, mogle, mogla

reći to say

Present	rečem, rečeš, reče, rečemo, rečete, reku
Imperative	reci, recite
Past Part.	rekao, rekla, reklo – rekli, rekle, rekla

Prepositions

Genitive	bez	without	nakon	after *(time)*	preko	over, across
	blizu	near			prije	before *(in time)*
	do	to, up to	od	of, from	protiv	against
	ispod	under, below, underneath	oko	around, about *(in time)*	radi	for the sake of, because of
	ispred	in front of, before, ahead of *(space)*			umjesto	instead of
	iz	from, out of	okolo	around, about	usprkos	in spite of
	između	between	osim	except	van	outside of
	iznad	over, above	pokraj	beside, close to	za	during
	izvan	out of, outside	pored	beside, in addition to	zbog	because of, owing to
	kod	by, near, at (someone's place)	poslije	after *(in time)*		
Dative	k(a)	to, toward *(where to?)*	prema	against, toward *(space)*	protiv	against
Accusative	kroz	through *(space)*	pod	under, underneath *(motion)*	u	into *(motion)*, at *(time)*
	na	on, against *(motion)*	pred	in front of, before *(motion)*		
	po	for			za	for
Prepositional	na	on *(rest)*	o	on, against, about, concerning	pri	beside, close by
			prema	in accordance with	u	in *(rest)*
Instrumental	među	between	pod	under *(place)*	s(a)	with
		among	pred	in front of, before *(place)*	za	behind *(place)*

English-Croatian Dictionary

For vocabulary words arranged by topic, see the word lists in Chapters 1 through 11.

A

abandon *(v)* napuštati/napustiti
abbreviation kratica
able sposoban; **be able** *(v)* moći, umjeti
about okolo *(gen)*
above iznad *(gen)*
absent odsutan
abstain from *(v)* ustezati se
absurd besmislen
abundant obilan
accelerate *(v)* ubrzavati/ubrzati
accept *(v)* prihvaćati/prihvatiti
acceptance prihvaćanje, primanje
access prilaz
accident nezgoda, slučaj
accommodation smještaj
accompany *(v)* pratiti
account račun
accumulate *(v)* nakupiti
achieve *(v)* postizati/postići
acquaintance poznanstvo
acquaintance *(m/f)* poznanik/-nica
acquainted: get acquainted with *(v)* upoznavati/upoznati; **make s.o. acquainted with** *(v)* upoznati koga s(a) *(ins)*
acquisition nabavljanje
across poprijeko
act čin
activity djelatnost *(f)*
actually zapravo
add *(v)* dodavati/dodati
add up *(v)* zbrajati/zbrojiti
additional dodatan
address adresa, naslov
address *(v)* adresirati
administration uprava
admire *(v)* diviti se
admission ulaz
Adriatic Sea Jadran
adult odrasli *(m)*/-la *(f)*
advance: in advance unaprijed
advantage korist *(f)*
advertisement oglas, reklama
advice (piece of) savjet
afraid: be afraid (of) *(v)* bojati se
after nakon, pošto
after all uostalom

afterwards poslije
afternoon popodne
again opet, ponovo
against protiv *(gen)*
age dob *(f)*, starost *(f)*
agency agencija
agree with *(v)* slagati se
agreeable ugodan
agreement suglasnost *(f)*, sporazum
ahead sprijeda; **ahead of** ispred *(gen)*
aim cilj
air zrak
air *(v)* provjetrivati/provjetriti
alarm clock budilica
alert budan
algae alge
alive živ
all svi, sve, sva *(pl)*
allow *(v)* dopuštati/dopustiti; **be allowed** *(v)* smjeti
alone sam/a/o
along uzduž
already već
also također
although premda
always uvijek
amount količina; svota
amount to *(v)* iznositi
ancient starinski
and a
angry ljutit, srdit; **be angry about** *(v)* ljutiti se zbog *(gen)*/na *(acc)*
animal životinja
announce *(v)* najavljivati/najaviti
announcement priopćenje
annually godišnje
another druga/i/o
answer odgovor
answer *(v)* odgovarati/odgovoriti
anything išta
apartment stan
apology isprika
appear *(v)* pojaviti se
appetite apetit, tek
appetizer predjelo
applause pljesak
application primjena
apply (to) *(v)* primijeniti *(law)*
appointment sastanak
approach *(v)* približavati/približiti se
appropriate prikladan

approve (v) odobravati/odobriti
approximately otprilike
arcade prolaz
area kraj
around okolo (gen)
arrange (v) dogovarati/dogovoriti se
arrangement dogovor
arrive (v) doputovati; stići
article artikl
article (newspaper) članak
as jer; kao
ask (v) pitati/upitati, ask s.o.
  for s.th (v) moliti koga za što
assert (v) tvrditi
at na, pri (prepos); at any rate
  svakako, barem; at least najmanje;
  at the back straga
attack (v) napadati/napasti
attain (v) postići
attempt (v) pokušaj
attention pozornost (f)
attentive pažljiv
audience publika
auditorium dvorana
aunt strina, tetka, ujna
Austria Austrija
Austrian Austrijanac (m),
  Austrijanka (f)
authorities vlast (f)
authorization punomoć (f)
authorized ovlašćen
automat automat
automatic automatski
average prosječan; on the average
  prosječno (adv)
avoid (v) izbjeći/izbjegavati
awake budan

B

baby beba
bachelor neženja (m)
back, back(wards) natrag, nazad
backpack naprtnjača
bad loš; rđav; zao
badly rđavo; loše
bag kesa; small bag kesica, vrećica
Balkans Balkan
ball lopta
bandage zavoj
bank banka
bank (shore) obala
bar birtija (colloq), krčma
barely jedva
basket košara

bath kupaonica
battery baterija, akumulator
bay zaljev
be (v) biti, postojati
beach plaža
beauty ljepota
because of radi (gen)
become (v) postajati/postati
become furious (v) pobjesnjeti
bed krevet, postelja
bedding posteljina
bee pčela
before ispred (gen); (place) pred
  acc/ins
begin (v) počinjati/početi
beginning početak
behavior ponašanje
behind iza (gen)
Belgian Belgijanac (m),
  Belgijanka (f)
Belgium Belgija
believe (v) vjerovati
belong (v) pripadati
bench klupa
bend (v) savijati/saviti
benefit korist (f)
benevolent blagonaklon
beside pored; pokraj (gen)
besides osim (gen)
best najbolja/i/e
bet opklada
bet (v) kladiti se, okladiti se
better bolji
between među (instr),
  između (gen)
big krupan, velik
bill (banknote) novčanica
bind (v) vezivati/vezati
binoculars dalekozor
bird ptica
birth rođenje
birthday rođendan
bite (v) gristi/ugristi
bitter gorak
blame krivica
blanket deka (colloq); pokrivač
blind slijep
bloated nadut
bloom (v) cvasti
blow udarac
boat čamac
body tijelo
boil (v) vreti
book knjiga
border granica
boring dosadan
born rođen

rn in rodom iz *(gen)*
orrow (from s.o.) *(v)* posuditi (od koga)
Bosnia and Herzegovina Bosna i Hercegovina
boss šef
both oba, obje, oboje
bother *(v)* dosađivati/dosaditi
bottle boca, flaša
bouquet buket
box kutija
boy mladić
branch filijala
branch (office) podružnica
break *(v)* lomiti, slomiti
breakable lomljiv
breath dah
bright svijetao
bring *(v)* donositi/donijeti
broad širok
broadcast *(radio, television)* emisija
brochure prospekt
brother brat
brother-in-law šurjak
brown smeđ
brush četka
brush *(v)* četkati
build *(v)* graditi, sagraditi
building zgrada
bundle svežanj
burdensome nesnosan
burn *(v)* gorjeti
burn down *(v)* izgorjeti, spaliti
burst *(v)* puknuti
bush grm
busy zaposlen
but ali
button gumb, dugme
buy *(v)* kupovati/kupiti
buyer kupac
by means of pomoću *(gen)*

C

cabin kabina
café kavana
calculate *(v)* proračunavati/proračunati
calculate *(v)* računati
call *(v)* pozivati/pozvati; zvati; *(telephone)* telefonirati; **be called** zvati se
calm *(emotions)* mirnoća
calm down *(v)* umiriti se
camera foto-aparat

can limenka
can *(v)* moći, umjeti
canal kanal
cancel *(hotel reservation)* *(v)* otkazati
cancel *(order, reservation)* *(v)* stornirati
candle svijeća
capable sposoban
capture *(v)* uhvatiti
car auto *(m)*
card karta
care brižljivost *(f)*
careful brižljiv, pazljiv; **be careful** *(v)* paziti
cargo teret
carry *(v)* nositi; **carry away** *(v)* odnositi/odnijeti
carry out *(v)* obavljati/obaviti
cashier's counter blagajna
cashier's desk kasa
castle dvorac
cat mačka
catch zapor
catch *(v)* hvatati
cause *(v)* uzrok
cause prouzročivati/prouzročiti
caution oprez
cautious oprezan
ceiling strop
center centar
central centralan
ceramics keramika
certain izvjestan *(adj)*
certain određen
certificate svjedodžba
chain lanac
chair stolica
chance slučaj
change sitniš *(small)*
change *(v)* promijeniti
change promjena
change clothes *(v)* presvlačiti/presvući se
chapel kapela
characteristic osobina
chauffeur šofer
cheap jeftin
check *(v)* provjeravati/provjeriti; kontrolirati
cheerful veseo
chestnut *(hair)* kestenjast
chest sanduk
chewing gum žvakaća guma
child dijete
choice izbor

snoir kor, zbor
choose *(v)* izabirati/izabrati; birati
cigar cigara
cigarette cigareta; **cigarette lighter** upaljač
cigarillo cigarilos
circumstances okolnosti *(f pl)*
city grad
claim *(v)* potraživati
clean *(v)* očistiti, počistiti
clean, dry clean *(v)* čistiti
clean, pure čist
clear jasan; *(skies)* vedar
clearance sale rasprodaja
clear through customs *(v)* ocariniti
climate klima
climb *(v)* penjati se, popeti se
clock *(time)* sat
closed zatvoren
cloth sukno
cloth krpa
clothes odjeća
clothes hanger vješalica
coal ugalj
cockroach žohar
coffee kava
coin kovan novac, novčić
cold hladan
colleague kolega *(m)*
collect *(v)* skupljati/skupiti
collection zbirka
collision sudar
color *(v)* boja
colored obojen
come *(v)* doći, doputovati; stići
come for *(v)* dolaziti po
come in *(v)* ući/ulatiti
comfort udobnost *(f)*
comfortable udoban
common zajednički
compare *(v)* uspoređivati/usporediti
comparison usporedba
compass kompas
compensate *(damages)* *(v)* nadoknaditi
competent nadležan
competition natjecanje
complaint pritužba, reklamacija, žalba
complete potpun
completely potpuno
compulsion prinuda
conceal *(v)* zatajiti, tajiti
concerned zabrinut
concerning dotičan
condition stanje
condolence, sućut *(f)*

condom kondom, prezervativ
confirm *(v)* potvrđivati/potvrditi
congratulate *(v)* čestitati
congratulations čestitka
connect *(v)* spajati/spojiti, vezati/zavezati
connection veza *(train, phone)*
conscientious savjestan
conscious svjestan
consent *(v)* pristajati/pristati
consider *(v)* smatrati
considerable znatan
considerate pažljiv
consideration obzir
consist of *(v)* sastojati se iz *(gen)*
constitution ustav
consulate konzulat
consumption potrošnja
contact s.o. *(v)* obratiti se kome
contain *(v)* sadržati
container posuda
contemporary suvremen
contented zadovoljan
contents sadržaj
continue *(v)* nastavljati/nastaviti
contraceptive kontracepcijsko sredstvo
convalesce *(v)* oporavljati/oporaviti se
conversation razgovor
conversion *(currency, measurements)* preračunavanje
convince *(v)* uvjeravati/uvjeriti
cook *(v)* kuhati
copy kopija
cordial srdačan
cordiality srdačnost *(f)*
corner kut, ugao *(m)*
correct ispravan
correct *(v)* ispraviti/ispravljati
correspondence dopisivanje
corridor hodnik
cost trošak
cost *(v)* koštati *(colloq)*, stajati
costume (folk) nošnja
cough *(v)* kašljati
count *(v)* brojiti
counter šalter
countryman zemljak
coupon bon
course kurs
course *(instruction, exchange)* tečaj
courtesy uljudnost *(f)*
court of law sud
courtyard dvorište
cousin bratić, sestrična
cover pokrivač

A/Z

ɔver *(v)* pokrivati/pokriti
ɔow krava
crafty lukav, lud
create *(v)* stvarati/stvoriti
creative kreativan
credit kredit
crew posada
criticize *(v)* kritizirati
Croat(ian) Hrvat *(m)*, Hrvatica *(f)*
Croatia Hrvatska
crossing *(street)* križanje
crowd gomila, mnoštvo
cry *(v)* plakati/zaplakati
culmination vrhunac
culture kultura
cup kupa
curious radoznao
current struja, tekući
curtain zavjesa
curve zavoj
customer mušterija *(m)*, kupac
customs carina
cut sjeći
cut *(v)* rezati

D

damage *(v)* oštećivati/oštetiti,
škoditi/naškoditi
damage oštećenje
damages odšteta
damp vlažan
dance ples
danger opasnost *(f)*
dangerous opasan
dare *(v)* usuđivati/usuditi se
dark mračan, taman
date datum, nadnevak
daughter kći
day dan; **by day** danju;
   on working days radnim danom
dead mrtav
dear drag
death smrt *(f)*
debate rasprava
debt dug
decayed truo
deceive obmanuti, prevariti
decide *(v)* odlučivati/odlučiti
decision odluka
deed djelo
deep dubok
defective pokvaren
defend *(v)* braniti, obraniti
definite određen

degree stupanj
delay odgoda
delay *(v)* zatezati; odgađati/odgoditi
delighted ushićen
deliver *(v)* predavati/predati; **deliver
   a message** *(v)* izručivati/izručiti
demand zahtjev
demand *(v)* zahtijevati
dense gust
deny *(v)* poricati/poreći
depart *(v)* objati/obiti
departure odlazak
deposit kaucija
deposit *(v)* deponirati, pohraniti;
   polagati/položiti
descend sići, silaziti
describe *(v)* opisivati/opisati
desperate očajan
despite usprkos *(gen)/(dat)*
destroy *(v)* razarati, razoriti
detail pojedinost *(f)*
detailed opširan
determined odlučan
develop *(v)* razvijati/razviti
development razvoj
diagnosis dijagnoza
dial *(phone)* *(v)* birati
die *(dice, pl)* kocka
die *(v)* umirati/umrijeti
difference razlika
different drukčiji; različit
differently drukčije
difficult težak
difficulty teškoća
diligent marljiv
direct izravan
direct *(v)* voditi
direction pravac; smjer
director direktor, voditelj *(m)*,
   voditeljica *(f)*; ravnatelj
dirt prljavština
dirty prljav
disappointed razočaran
discount rabat, popust
discover *(v)* otkriti
dish (food) jelo
disorder nered
dissatisfied nezadovoljan
distance udaljenost *(f)*; razmak
distant dalek
distinguish *(v)* razlikovati
distress jad
distribute *(v)* podijeliti
distribution podjela
disturb *(v)* smetati
disturbance smetnja
diverse raznolik

divide *(v)* dijeliti/podijeliti
dizzy vrtoglav
do *(v)* uraditi, učiniti
doctor doktor
document dokument
dog pas
doll lutka
domestic domaći
donkey magarac
door vrata *(n pl)*
dot točka
double dvostruk
doubt s.th. *(v)* sumnjati u što
doubtful sumnjiv
doubtless nesumnjiv
down dolje
downhill nizbrdo
downward naniže
draft of air propuh
drag along *(v)* povući
draw *(v)* crtati
dream *(v)* sanjati
dress previjati/previti *(med)*
dress *(v)* oblačiti/obuci;
  get dressed *(v)* obući se
drink *(v)* piti, popiti
drinkable pitak
drip *(v)* kapati/kapnuti
drive vožnja
drive *(v)* voziti
driver vozač
drop kap *(f)*
drop in *(v)* navratiti
drug lijek
drunk pijan; **get drunk** *(v)*
  opijati/opiti se
dry suh; *(wine)* opor
dry *(v)* sušiti; **dry (up)** *(v)* osušiti
dry cleaning shop čistionica
durable trajan
duration trajanje
dust prašina
duty dužnost *(f)*

E

each svaki; *(before numbers)* po
early rani
earn zarađivati/zaraditi, zaslužiti
earnings zarada *(m)*
earth zemlja
east istok
eat *(v)* jesti
eat breakfast *(v)* doručkovati
edge rub

edible jestiv
education obrazovanje
effect djelovanje
efficient djelotvoran
effort napor, trud
egg jaje
elect *(v)* birati
electric električni;
  electric light bulb žarulja
elevator dizalo, lift
elsewhere drugdje
emancipated emancipiran
embassy ambasada
embrace *(v)* zagrliti
employed zaposlen
employment namještenje
empowered ovlašćen
empty prazan
enchanting čaroban
enclosure *(letter)* prilog
end kraj
end *(v)* svršiti (se)
endeavor *(v)* truditi se
endure *(v)* podnositi/
  podnijeti
engaged: get engaged *(v)* zaručiti se
English engleski
enjoy *(v)* uživati
enough dosta; **be enough** *(v)*
  dostajati
enter *(v)* ulaziti
enterprise poduzeće
entertaining zabavan
entertainment zabava
enthusiastic oduševljen
entirely sasvim *(adv)*
environment okolina
equal jednak
equipment oprema
equivalence protuvrijednost *(f)*
error zabluda, pogreška
escort pratnja
especially naročito, osobito
establish (a fact) *(v)* utvrđivati/
  utvrditi
estimate *(v)* procjenjivati/procijeniti
ethyl alcohol špirit
Europe Europa/Evropa
European Europljanin *(m)*,
  Europljanka *(f)*
European europski
even čak, dapače
evening veče; **in the evening**
  navečer; **this evening** večeras
event događaj
ever ikada
every svaki

...ody svi, sve, sva *(pl)*
...ywhere svuda
...dence svjedočenje
...act točan
exactness točnost *(f)*
exaggerated pretjeran
exam ispit
examine *(v)* pregledavati/pregledati, ispitati/ispitivati
example primjer; **for example** na primjer
exceed *(v)* prekoračivati/prekoračiti
excellent odličan
except osim *(gen)*
exception iznimka
exchange razmjena, zamjena
exchange *(v)* razmjenjivati/razmijeniti; mijenjati
excited uzbuđen
excursion izlet
excuse isprika
excuse *(v)* oprostiti, izviniti
exercise vježba
exhausted iscrpljen
exist *(v)* postojati
exit izlaz
expect *(v)* očekivati
expenses izdaci *(m pl)*, troškovi *(m pl)*
expensive skup
experience iskustvo
experienced iskusan
explain *(v)* razjasniti
express izrazit
expression izraz
extend *(v)* produživati/produžiti
extinguish *(v)* gasiti
eye oko
eyeglasses naočale *(f pl)*

F

fabric tkanina, štof *(colloq)*
fact činjenica
factory tvornica
fair fer, sajam *(trade)*
faith vjera
fake lažan
fall *(v)* padati/pasti
fall pad
family obitelj *(f)*, porodica
famous slavan, znamenit
far udaljen
farm *(v)* imanje
farmer seljak

fascinated očaran
fashion moda
fat debeo
father otac
fault mana
favor usluga
favorable povoljan
favorite ljubimac
fear strah
fear *(v)* bojati se
feast svečanost *(f)*
feather pero
feel osjećati/osjetiti
feeling osjećaj
fees dažbine *(f pl)*, takse *(f pl)*
female ženski
feminine ženski
fetch *(v)* poći po
few: a few nekoliko
fewer manje
fiance/fiancee zaručnik/-nica
field polje
file folder aktovka
fill *(v)* puniti; **fill out a form** *(v)* ispuniti formular, popuniti
fill up *(gas)* *(v)* uzeti gorivo
film film
filter filtar
final konačan
finally konačno, napokon, najzad
find *(v)* naći, nalaziti/naći; **find fault with** *(v)* prigovarati/prigovoriti
fine globa
fingernail nokat
finish *(v)* završavati/završiti
fire požar, vatra
fire alarm javljač požara
fire department vatrogasci *m pl*
fire extinguisher vatrogasna sprava
fireworks vatromet
firm tvrtka, firma
first prva/prvi/prvo; **first (of all)** najprije; **in the first place** prvo
first-class prvorazredan
fish *(v)* loviti ribu, pecati, ribariti
fish riba
fit bodar
fit *(clothing)* *(v)* pristajati
flame plamen
flash *(photo)* fleš
flashlight *(photo)* blic
flat ravan
flirt flert
floor *(story)* kat
flow strujanje
flow *(v)* teći; **flow into** *(river)* utjecati
flower cvijet

flower *(v)* cvasti
fly muha
fly *(v)* letjeti
foggy maglovit
fold *(v)* savljati/saviti
follow *(v)* slijediti
food hrana, ishrana
for za *(prp acc); (ins)* after, behind
force *(v)* prisiliti
foreign inozemni; **foreign countries** inozemstvo
foreigner stranac *(m)*
forget *(v)* zaboravljati/zaboraviti
forgive *(v)* opraštati/oprostiti
form obrazac, formular, oblik
form a judgment *(v)* prosuđivati/prosuditi
format format
formerly nekad(a), prije
forward naprijed
forward *(v)* otpremati/otpremiti
fraud prevara
free besplatan, slobodan
freeze *(v)* zepsti
freight teret
French francuski
fresh svjež
friend prijatelj; **be friends** *(v)* prijateljevati
friendship prijateljstvo
frighten *(v)* plašiti
from iz *(gen) (origin);* **from outside** izvana; **from there** odatle
front door kućna vrata *(n pl)*
frontier granica
full pun; **full (up)** popunjen; **satiated** sit
function *(v)* funkcionirati
fur krzno
furious bijesan; **become furious** *(v)* pobjesnjeti
furnish *(v)* namjestiti (stan)
furniture namještaj
fury bijes
fuse osigurač
future budućnost *(f)*
future budući *(adj)*

G

game *(hunt)* divljač *(f)*
garage garaža
garbage smeće; **garbage can** kontejner za smeće

garden vrt
gasoline benzin
gather *(v)* brati
general opći; **in general** općenito
gentleman gospodin
German Nijemac *(m)*, Njemica *(f)*
German njemački
Germany Njemačka
get *(v)* dobijati/dobiti
gift poklon
girl djevojka
girlfriend prijateljica
give *(v)* dati; **give (as a gift)** *(v)* poklanjati/pokloniti; **give back** *(v)* vraćati/vratiti
glad (about) radostan (zbog *gen*); **be glad about** *(v)* radovati se
gladly rado
glass čaša *(drinking);* staklo *(pane of)*
glitter *(v)* blistati
glittering blistav
gloomy tmuran
glow žar
gnat komarac
go *(on foot) (v)* hodati, ići; **go aboard** *(v)* ukrcati se; **go away** *(v)* odlaziti; **go out** *(v)* izlaziti/izaci; **go to sleep** *(v)* zaspati
god bog
gone nestao, otišao
good dobar; **good luck!** sretno!
goods roba
government vlada
grade *(school)* razred
grandfather djed
grandmother baka
grandson/daughter unuk/a
grate rešetka
gratis besplatno
greasy mastan
great prima
greatness veličina
Greece Grčka
Greek Grk *(m)*, Grkinja *(f)*
greet *(v)* pozdravljati/pozdraviti
grief jad
ground tlo
ground floor prizemlje
group grupa
grow *(v)* rasti/porasti; **grow up** *(v)* porasti
guarantee garancija
guard *(v)* čuvati
guard čuvar
guess *(v)* pogoditi
guest gost

guidebook vodič
guitar gitara
gulp *(v)* gutljaj

H

habit navika
haggle *(v)* cjenkati se
half po, polovina
hammer čekić
hand ruka
hand to *(v)* pružati/pružiti
handbag torbica
handle držak
handmade ručno izrađen
handsome zgodan
hang up *(v)* objesiti, vješati
happen *(v)* događati/dogoditi se
happiness sreća
happy sretan
hard tvrd
hard frost poledica
hardness tvrdoća
harvest žetva
have *(v)* imati; have an accident *(v)*
nastradati; have fun *(v)* zabavljati/
zabaviti se; have to *(v)* morati
he on
health zdravlje
healthy zdrav
heap hrpa
hear *(v)* čuti
hearing *(law)* rasprava
heart srce
heat *(v)* ložiti
heat *(v)* grijati
heating oil lož-ulje *(colloq)*
heaven nebo
heavy težak
hectic grozničav
heel potpetica
height visina
hello! hi! zdravo!; *(phone)* halo!
help pomoć *(f)*; help s.o. *(v)*
pomagati/pomoći komu
her njezin, njezina, njezino *(poss
prn)*
here ovdje, tu; ovamo
herring haringa, sleđ
hesitate *(v)* oklijevati
hi!/bye! ćao! *(colloq)*
hide *(v)* skrivati/skriti
high visok; higher više
hill brežuljak
hinder *(v)* zapriječiti

hint mig
his njegov *(poss prn)*
history historija, povijest *(f)*
hit, strike *(v)* udarati/udariti
hobby hobi m
hold *(v)* držati; hold one's own *(v)*
održati (se)
hole rupa
holiday blagdan, praznik
holy svet
homeland tuzemstvo, domovina,
zavičaj
honest čestit
honor čast *(f)*
honorarium honorar
hook kuka
hope *(v)* nadati se
hose unutarnja guma, zračnica
hospitality gostoljubivost *(f)*
host/hostess domaćin/-ćica
hot vruć
hotel hotel
house dom, kuća
how kako
however ipak
hug *(v)* grliti
human ljudski, čovjek
hunger glad *(m/f)*
hurry *(v)* žuriti; hurry up *(v)*
požuriti se
hurt *(v)* boljeti
husband muž, suprug
hut koliba; *(alpine)* kućica, alpska

I

I ja
ice cream sladoled
idea ideja, predodžba
if ako, kad(a)
ignite *(v)* zapaliti
illuminated rasvijetljen
illusion prividnost *(f)*
immediate neposredan
immediately odmah
impolite neučtiv, neuljudan
import uvoz
impossible nemoguć, isključeno
impractical nepraktičan
impression dojam
in u *(acc/loc)*
inaccurate netočan
incapable nesposoban
incautious neoprezan
incentive pobuda

incident incident
incline nagib
include *(v)* uključiti
included uračunat
incomplete nepotpun
inconstant nepostojan
incredible nevjerojatan
indecent nepristojan
indecisive neodlučan
indefinite neodređen
indication predznak
indispensable neophodan
indolent nemaran
inevitable neizbježan
inexpensive jeftin
inexperienced neiskusan
inform *(v)* obavještavati/obavijestiti, priopćavati/priopćiti, informirati
information informacija, obavijest *(f)*; **get information** *(v)* obavijestiti se
inhabitant stanovnik
injured man/woman ozljeđenik/-nica
injustice nepravda
inn gostionica
innkeeper gostioničar
innocent nevin
inquire about *(v)* raspitivati/raspitati se
insect insekt, kukac
inside unutra
insist on *(v)* ostati pri *(prepos)*
instead of umjesto, mjesto
insufficient nedovoljan
insult uvreda
insult *(v)* uvrijediti, vrijeđati
insurance osiguranje
insure *(v)* osiguravati/osigurati
intelligent pametan
intend *(v)* namjeravati
intention namjera
intentional namjeran
interior unutrašnjost *(f)*
interest interes
interested: be interested (in) *(v)* zanimati se *(za acc)*
interesting zanimljiv
international međunarodni
interrupt *(v)* prekidati/prekinuti
interruption prekid
introduce *(v)* predstaviti/predstavljati
introduction predstavljanje
invalid nevažeći
invent *(v)* izumjeti
invitation poziv
iron glačalo, pegla *(colloq)*, željezo
irregular nepravilan
island otok
isn't it? zar ne? *(question particle)*

it to
Italian Talijan/Talijanka *(n/f)*
Italian talijanski
Italy Italija
itch svrbjeti
its njegov *(poss prn)*

J

jellyfish meduza
jet (of water) mlaz
jetty mol
job namještenje
jointly zajedno
joke vic, šala
journal časopis
joy radost *(f)*, veselje
judge *(v)* ocjenjivati/ocijeniti
judgment presuda; **pass judgment** *(v)* suditi/osuditi
jug pehar
jump *(v)* skakati, skočiti
just *(exactly)* upravo
just *(fair)* pravedan

K

keep *(v)* zadržavati/zadržati; **keep out!** zabranjeno
kick udarac
kind ljubazan
kindness ljubaznost *(f)*
kiss poljubac
kiss *(v)* ljubiti/poljubiti
kitchen kuhinja
knapsack naprtnjača
knock *(v)* kucati, pokucati
knot čvor
know *(v)* znati
knowledge znanje

L

lace čipka
lack *(v)* nedostajati; faliti *(colloq)*
lack nedostatak
ladder ljestve *(f pl)*
lady dama, gospoda
lag behind *(v)* zaostajati/zaostati
lake jezero *(m)*
lamp lampa *(colloq)*, svjetiljka

land kopno; **piece of land** zemljište
language jezik
large krupan, velik
last (v) trajati
last posljednja/-nji/-nje
late kasan; **be late** (v) zakasniti
later kasnije
laugh (v) smijati se
lawn travnjak
lay (v) stavljati/staviti
lazy lijen
learn (v) doznavati/doznati, učiti
leather koža
leave (v) otputovati, otići, ostavljati/ostaviti
left lijeva/-vi/-vo, lijevo
left-over preostali; **be leftover** (v) preostajati/preostati
lend (to s.o.) (v) posuđivati/posuditi (komu)
length duljina
less manje
letter pismo, list
lie laž (f)
lie (outstretched) (v) ležati
lie down (v) leći
life život
lift (v) dizati/dignuti
light (weight) lagan
light svjetlo
lighthouse svjetionik
lightly olako
lightning munja
likable simpatičan
like this ovako
line crta; (electric, phone, gas, water) vod
lining podstava
list lista, popis
little malen
live (v) živjeti
live coal, žeravica
live (v) stanovati
lively živahan
load (v) tovariti, natovariti
loan kredit
located: be located (v) nalaziti se
lock brava, zatvarač
lock up (v) zaključavati/zaključati
logical logičan
lonely osamljen
long dug(ačak)
look (v) izgledati; **look after** (v) pripaziti (na) acc; **look around** (v) osvrtati/osvrnuti se; **look at** (v) pogledati, razgledati/razgledati, gledati

lose gubiti, izgubiti; **lose one's way** (v) zalutati; **lose weight** (v) mršaviti/smršaviti
loss gubitak
lost and found office nalazni ured
loud glasan
loudspeaker zvučnik
love ljubav (f)
love (v) ljubiti, voljeti
low nizak
lower (prices) (v) snižavati/sniziti
luck sreća; **bad luck** nesreća
lucky sretan
luxurious luksuzan, raskošan
luxury luksuz, raskoš (f)

M

Macedonia Makedonac
Macedonian Makedonija (m), Makedonka (f)
machine stroj
magazine časopis
magnificent veličanstven
mail (v) ubaciti
mail pošta
main glavni
mainly uglavnom
make (v) praviti/napraviti, uraditi, učiniti
mama mama
man muškarac
manage (v) upravljati
managament uprava
manner način
manuscript rukopis
map zemljovid
mark oznaka, marka
marriage (of a man) ženidba; (of a woman) udaja
married oženjen (m); udata (f); **married couple** bračni par
marry (v) oženiti se (m), udati se (f)
masculine muški
Mass misa (rel)
match šibica
material materijal
matrimony brak
maybe možda
me me, mene (acc); **to me** meni
meadow livada
meal obrok
mean (v) značiti; misliti
meaning značenje
means sredstvo

meanwhile međutim
measure *(v)* izmjeriti, mjeriti
measure mjera
meat meso
mediator posrednik
medicine lijek
Mediterranean Sea Sredozemno
more
meet *(v)* sretati/sresti
meeting sastanak
memorize *(v)* pamtiti
menu jelovnik
merit zasluga
middle sredina
midnight ponoć *(f)*
mild blag
mind pamet *(f);* **make up one's mind**
(v) odlučiti se
minus minus
minute minuta
miscalculate *(v)* zaračunati se
misfortune nesreća
mistrust *(v)* nemati povjerenja
misunderstand *(v)* krivo razumjeti
misunderstanding nesporazum
misuse zloupotreba
misuse *(v)* zlorabiti
mixed miješan, mješovit
mob svjetina
model uzor
moderate umjeren
modern moderan, suvremen
moment trenutak
money novac
Montenegrin Crnogorac *(m)*,
Crnogorka *(f)*
Montenegro Crna Gora
month mjesec
monthly mjesečni *(adj)*, mjesečno
(adv)
mood volja
moon mjesec
more više; **more or less** više-manje;
at the most najviše
morning jutro; **in the morning**
dopodne
mosquito komarac
mother majka, mati *(f)*
motive povod
mountain brdo
mouth *(of river)* ušće
move *(v)* pokretati/pokrenuti, seliti/
preseliti se, iseliti se, odseliti se
movement kretanje
Mr. gospodin
Mrs. gospođa
Ms. gospođa

much mnogo
mud blato
multicolored šaren
music glazba, muzika
my moj

N

nail čavao *(m)*, ekser *(colloq)*
naked gol
name ime; **name day** imendan
name *(v)* nazivati/nazvati
narrow uzak
nation nacija
natural naravan, prirodan
naturally naravno
nature narav *(f)*, priroda
near blizak; **near (to)** blizu *(gen)*
nearness blizina
necessary potreban, nužan
necessity potreba
necklace ogrlica
need *(v)* trebati
needle igla
negative negativan
neglect *(v)* zanemarivati/zanemariti;
neglect to do *(v)* propuštati/propustiti
neighbor susjed/a *(m/f)*
neither ... nor ni ... ni
nephew nećak
nervous nervozan
net mreža
never nikad(a)
new nov, *(unused)* nerabljen
news vijest *(f)*, novost *(f)*
newspaper novine *(f pl)*
next idući, sljede ći; **next to** tik;
next to last pretposljednja/i/e
niece nećakinja
night noć *(f);* **by night** noće
no ne
nobody, no one nitko
noise buka, šum
none nijedan
noon podne
normal normalan
normally normalno
north sjever
north(ern) sjeverni
north of sjeverno od *(gen)*
not ne; **not a bit** nimalo; **not at all**
nikako; **not even** niti
notebook bilježnica
note *(v)* zabilježiti
note zapis

nothing ništa
notice *(v)* opaziti, primjećivati/primijetiti
nourishing hranljiv
novelty novina
now sada
nowhere nigdje
nude gol
number *(v)* numerirati
number broj
numerous mnogobrojan
nun časna sestra, opatica
nurse medicinska sestra

O

obey *(v)* poslušati
object predmet
obligation obveza, obaveza
obligatory: not obligatory neobavezan
occasionally prigodom, prilikom
occupation zanimanje
occupied *(seat)* zauzet
occupy a seat *(v)* zauzeti mjesto
ocean ocean
of od
offer *(v)* nuditi, ponuditi
office ured
official služben
often često
oil ulje
old star
on na *(prepos)*; on the contrary naprotiv
once jedanput
one jedan, jedna, jedno
one fourth četvrt *(f)*
one hundred sto, stotina; one hundred times stoput
one third trećina
only tek, samo; the only jedini
open *(v)* otvarati/otvoriti
open otvoren
operate *(v)* operirati
opinion nazor, mišljenje
opportunity prilika
opposite nasuprot *(adv)*; suprotan, suprotnost *(f)*
or ili
order *(distinction)* orden, *(rel)* red
orderly uredan
ordinary običan
original pravi
otherwise inače

our(s) naš, naša, naše
outdoors napolju, vani
outlook izgled
outside izvan, vanjski
overcrowded prepun
overseas prekomorje
oversight: through an oversight omaškom
owe *(v)* dugovati
own *(v)* posjedovati
owner vlasnik

P

pack *(v)* spakirati; pack (up) *(v)* upakirati
package *(v)* paket
page stranica
painful bolan
paint *(v)* slikati
pair par
pale blijed
panorama panorama
parents roditelji *(m pl)*
park park
park *(v)* parkirati
part dio *(m)*
part *(v)* opraštati se/oprostiti se
participate (in) *(v)* učestvovati (u) *(prepos)*
party party
pass *(time)* *(v)* prolaziti, proći; pass by *(v)* mimoići; pass *(with a car)* *(v)* pretjecati/preteći
pass *(mountain)* prijevoj
passage prolaz
passageway pasaž
passenger putnik *(m)*, putnica *(f)*
passport pasoš, putovnica
past mimo, prošlost *(f)*
patch *(v)* krpiti
path staza
patience strpljenje
patient strpljiv
pattern uzorak
pawn zalog
pay *(v)* plaćati/platiti
payment plaćanje
peace mir
peaceful miran
peak vrh
pear kruška
pedestrian pješak
pen feder *(colloq)*, pero
penalty kazna

people ljudi *(m pl)*, narod
per diem dnevnice *(f pl)*
percent posto
percentage postotak, procent
perfect savršen
perhaps možda
periphery periferija
permissible dopušten
permission dozvola
person osoba
personal ličan, osoban; **personal data** osobni podaci *(m pl)*
personnel osoblje
persuade *(v)* nagovoriti
photo foto, fotografija, snimak
photograph *(v)* fotografirati, snimati/snimiti
pick *(v)* ubrati
picture slika
piece komad
pier gat
pillow jastuk
pin pribadača, *(colloq)* špenadl
pipe zviždaljka, *(for tobacco)* lula
pity samilost *(f)*
place mjesto
plain ravnica
plan nacrt, plan
plant biljka
plaster sadra; **plaster of Paris** gips
plate tanjur
play *(v)* igrati (se)
playing card igraća karta
pleasant prijatan, ugodan
please *(v)* izvoli(te); svidati/svidjeti se
pleasure užitak, zadovoljstvo
pliers kliješta
pocket džep
point šiljak
pointed šiljat
poison otrov
poisonous otrovan
pole motka, šteka
polite uljudan
politics politika
poor siromašan
porter nosač
positive pozitivan
possibility mogućnost *(f)*
possible moguć; **make possible** *(v)* omogućiti
possibly eventualno
postcard dopisnica
poster plakat
pot lonac
pottery glinena roba

powder prašak
power vlast *(f)*
powerful silan
practical praktičan
practice *(v)* vježbati
praise *(v)* hvaliti, pohvaliti
prayer molitva
preference prednost *(f)*
pregnant trudna
prepare *(v)* pripremati/pripremiti
prepare *(v)* priredivati/prirediti
present nazočan, prisutan
presentiment slutnja
preserve *(v)* sačuvati
pretty lijep
prevent *(v)* prječiti/spriječiti
price cijena; **all-inclusive price** paušal; **price of admission** ulaznina
priest pop, svećenik
private privatan
probability vjerojatnost *(f)*
probable vjerojatan
proceed *(v)* istjecati/isteći
process *(v)* obradivati/obraditi
procession procesija
produce *(v)* proizvoditi/proizvesti
product proizvod
profession zanimanje
profit dobit *(f)*
program program
progress napredak; **make progress** *(v)* napredovati
prohibit *(v)* zabranjivati/zabraniti
prohibited! zabranjeno!
prohibition zabrana
promise obećanje
promise *(v)* obećavati/obećati
pronounce izgovarati/izgovoriti
pronunciation izgovor
proof dokaz
property vlasništvo, posjed
protect *(v)* štititi/zaštititi
protection zaštita
protest *(v)* buniti se, protestirati
prove *(v)* dokazivati/dokazati
provide *(v)* dobavljati/dobaviti
provisional provizoran
provisions namirnice *(f pl)*
public javan
pull *(v)* vući
pump up *(v)* napumpati
punctual pravovremeno
purchase kupovina, nabavljanje
purchase *(v)* nabavljati/nabaviti, kupovati/kupiti
purpose svrha, cilj
purse torbica

pursue *(a profession)* *(v)* obavljati
push *(v)* gurati/gurnuti
put *(v)* postavljati/postaviti, stavljati/
staviti; **put on makeup** *(v)* šminkati;
put on weight *(v)* debljati

Q

quality kakvoća, kvalitet
quantity količina
quarrel svađa
quarrel *(v)* svađati se
quarter četvrtina
question pitanje
quick brz
quickly brzo
quiet tišina
quiet tih *(adj)*
quite sasvim *(adv)*

R

radio radio, radio-aparat
rage *(v)* bjesnjeti
railing ograda
railway line pruga
rain *(v)* kišiti
raise *(prices)* *(v)* povisivati/povisiti
rape *(v)* silovati
rare rijedak
rarely rijetko
rather radije
ray zraka
reach *(v)* dopirati, dosezati/dosegnuti,
sezati
read *(v)* čitati/pročitati
ready gotov, spreman
real stvaran
reality stvarnost *(f)*
realize *(v)* ostvarivati/ostvariti
really zaista
reason razlog; razum
receipt primitak, priznanica
receive *(v)* primati/primiti;
dočekivati/dočekati
recently nedavno
reception primanje
reckless bezobziran
recognize *(v)* prepoznavati/
prepoznati
recommend *(v)* preporučiti
recommendation preporuka
record gramofonska ploča; **record
player** gramofon

recovery oporavak
rectangular četverokutan
reed *(grass)* trska
refreshment okrepa
refuse *(v)* odbijati/odbiti
regret žaljenje
regret *(v)* žaliti
regular pravilan, redovan
regularly pravilno, redovno
regulate *(v)* sređivati/srediti
related srodan
reliable pouzdan
reluctantly nerado
rely on *(v)* pouzdavati/pouzdati se u
(acc)
remain *(v)* ostajati/ostati
remainder restl *(colloq)*
remark *(v)* napomenuti
remember *(v)* sjećati se, zapamtiti
remind s.o. of (s.th.) *(v)* podsjetiti
koga na *(acc)*
remit *(v)* doznačivati/doznačiti
remnant ostatak
remote zabačen
renew *(v)* obnavljati/obnoviti
rent najam
rent *(v)* iznajmljivati/iznajmiti
repair popravak
repair *(v)* popravljati/popraviti
repeat *(v)* ponavljati, ponoviti
report izvješće
report *(v)* izvijestiti, javljati/javiti
request molba
require *(v)* trebati
rescue *(v)* spasavati/spasiti
resemble *(v)* sličiti
reserve *(v)* rezervirati
residence prebivalište
responsible odgovoran
rest odmor
rest *(v)* odmarati/odmoriti se
restaurant restoran
restless nemiran
result rezultat
retreat *(v)* povlačiti se
return povratak
reverse obratan
revue revija
reward nagrada
reward (v) nagrađivati/nagraditi
ribbon traka
rich bogat
ridiculous smiješan
right pravo
right *(to the)* desno
right(-hand) desna/i/o
ring prsten

ring *(v)* zvoniti
ripe zreo
rise *(v)* ustajati/ustati
risk rizik
river rijeka
road cesta
roast *(v)* peći, pržiti; **roast meat** pečenje
rock stijena
room prostorija
rooster pijetao
rope uže
rotten poročan *(morally)*, truo *(decayed)*
round okrugao, runda
route maršruta; relacija
row *(v)* veslati
rude prostački
ruined uništen
rule propis
run *(v)* trčati; *(means of transportation)* prometati

S

sack vreća
sad tužan, žalostan
safety sigurnost *(f)*
salary plaća
sale prodaja
same isti, isto
satisified zadovoljan
save *(v)* uštedjeti, štedjeti
say *(v)* reći, kazati
scale vaga
scare *(v)* uplašiti
scarf marama
school škola
scissors škare *(f pl)*
scold *(v)* psovati/opsovati
scorpion škorpija
sculpture skulptura
sea more; **sea urchin** morski jež
seagull galeb
search *(v)* tražiti/potražiti
season sezona
seat sjedalo
second sekunda
secondly drugo
secret potajan, tajan
see *(v)* vidjeti
see off *(v)* ispratiti
self-service samoposluživanje
sell *(v)* prodavati/prodati
send *(v)* slati/poslati

send out *(v)* razašiljati/razaslati
sense osjetilo
sensible razuman
sentence rečenica
separate odvojen
separate *(v)* rastavljati/rastaviti
Serb Srbin *(m)*, Srpkinja *(f)*
Serbia Srbija
serious ozbiljan
sermon propovijed *(f)*
serve *(v)* servirati, služiti; posluživati/ poslužiti
service posluga; služba
several nekoliko
sex seks
shade sjena
shallow plitak
shape *(v)* oblikovati
sharp oštar
shave *(v)* brijati, obrijati
she ona
sheep ovca
shine *(v)* sijati
shining svijetleći
shoe cipela
shoelace pertle *(colloq)*, vezice za cipele
shoot *(v)* pucati
short kratak, sažet
shortcut prečica
short-term kratkoročan
shot hitac
shout *(v)* vikati/viknuti
show *(v)* pokazivati/pokazati; ukazivati/ukazati
show *(theater)* predstava, priredba
shut *(v)* zatvarati/zatvoriti
shy stidljiv
sick bolestan; **get sick** *(v)* razboljeti se
sign *(v)* potpisivati/potpisati
sign znak; natpis
signal signal
signal *(v)* žmigati
signature potpis
significance važnost *(f)*
significant važan, značajan
silence šutnja
silent: be silent *(v)* šutjeti
similar sličan
simple jednostavan
simultaneous istovremen
since pošto; **since then** otad(a); **since when?** otkad(a)?
sing *(v)* pjevati, zapjevati
singing pjevanje
single pojedini
single *(man)* neoženjen, *(woman)* neudata

sister sestra
sister-in-law šurjakinja
sit *(v)* sjediti
sit down *(v)* sjesti
situation položaj
size veličina
skilled vješt
skinny mršav
sky nebo
skyscraper neboder
sleep san
sleep *(v)* spavati
slender vitak
slice kriška
slide *(photo)* dijapozitiv
Slovene Slovenac *(m)*, Slovenka *(f)*
Slovenia Slovenija
slow polagan, spor
small malen
smaller manji
smash *(v)* razbijati/razbiti
smell miris
smell *(v)* mirisati
smoke dim
smoke *(v)* popušiti, pušiti
smooth gladak
smuggle *(v)* krijumčariti
snack zakuska
snack bar bife *(m)*
snake zmija
sneeze *(v)* kihati/kihnuti
snore *(v)* hrkati
snow *(v)* sniježiti
so tako; so far dosad(a)
sober trezven
society društvo
soft mek(an)
solemn svečan
some nekoliko
somehow nekako
someone netko
something nešto; bilo što
somewhere negdje, nekamo
son sin
song pjesma
soon uskoro, skoro
sort vrsta
sound zvuk
sour kiseo
south jug; south of južno od *(gen)*
southern južni
souvenir suvenir, uspomena
spa kupka, toplice *(f pl)*
space prostor
spark iskra
speak *(v)* govoriti
special specijalan, poseban

specially posebno
spectator gledatelj
speed *(auto)* brzina
spell *(v)* izgovoriti slovo po slovo
spend *(v)* izvratiti
spend *(time)* *(v)* provoditi/provesti
spend *(v)* potrošiti, trošiti
spend the night *(v)* prenoćiti
splendid krasan
spoil *(v)* kvariti/pokvariti
sport(s) šport
spot mrlja
spring izvor; *(elastic)* opruga
squander *(v)* nestajati/nestati
stab *(v)* bosti/ubosti
stable postojan
stairs stepenice *(f pl)*
stamp žig
star zvijezda
start *(v)* startovati; počinjati/početi
state *(v)* izjavljivati/izjaviti
statue kip
stay boravak
stay *(v)* boraviti
steady stalan
steal *(v)* krasti, ukrasti
steep strm
step korak
step *(v)* stupati/stupiti
still ta; jo
sting *(v)* ubosti
stink *(v)* smrdjeti
stipulation uvjet
stone kamen
stony kameni
stop *(v)* prestajati/prestati, zaustaviti
  se, stati; put a stop to *(v)* zaustavljati/
  zaustaviti; stop! stoj
stop *(train)* zadržavanje
stopped up začepljen
store dućan *(colloq)*, prodavaonica;
  department store robna kuća
store window izlog
stormy uzburkan
stove peć *(f)*
straight ahead ravno
strange čudan, tuđ, stran
stranger strankinja *(f)*, stranac *(m)*
strap remen
street ulica
strength snaga
strenuous naporan
stress *(accent)* naglasak
strict strog
strike *(v)* tući; *(clock)* *(v)* izbijati
string špaga *(colloq)*, uzica
strong jak, snažan

stub *(check, ticket)* odrezak
study *(v)* studirati
stupid glup
sturdy čvrst
stylish otmjen
suburb predgrađe
success uspjeh
such takav
sudden iznenadan
suffer *(v)* stradati
suggest *(v)* predlagati/predložiti
suggestion prijedlog
suit *(v)* odgovarati, prijati
suitable podesan
suitcase kofer, kovčeg
sum zbroj
summer cottage ljetnikovac
sun sunce
sunglasses naočale protiv sunca
  (f pl)
superfluous suvišan
supply zaliha
supply with *(v)* snabdjevati/snabdjeti
  s(a)
support potpora
suppose *(v)* pretpostaviti,
  pretpostavljati/pretpostaviti
supposition pretpostavka
sure siguran
surely sigurno
surpass *(v)* nadmašiti
surprised iznenađen; **be surprised
  (at)** *(v)* čuditi se *(dat)*
suspicion sumnja
swamp močvara
sweat *(v)* znojiti se
sweet sladak
swim *(v)* plivati, kupati se
swimming pool bazen za plivanje
swindle *(v)* varati
swindler varalica *(m)*
Swiss Švicarac/-rka *(m/f)*
switch prekidač
Switzerland Švicarska
swollen otečen

T

table stol; tablica
tailor/seamstress krojač/krojačica
take *(v)* uzimati/uzeti; **take a bath**
  (v) kupati se; **take a snapshot (of)**
  (v) škljocati/škljocnuti; **take away**
  (v) odnijeti, oduzimati/oduzeti; **take
  notes** *(v)* bilježiti; **take over** *(v)*

preuzimati/preuzeti; **take pains** *(v)*
  potruditi se; **take place** *(v)* održavati/
  održati se
talk *(v)* razgovarati
tall visok
tan pocrnio
tape vrpca
taste ukus
taste *(v)* kušati
taxi taksi
teach *(v)* poučavati/poučiti
team *(sports)* momčad *(f)*
tear *(v)* poderati, potrgati, derati
tell *(v)* ispričati, pričati
temporarily prolazno, zasad(a),
  privremeno
tender nježan
term rok
terrain teren
terrible strašan
test pokus, ispit
than nego
thank *(v)* zahvaljivati/zahvaliti;
  thank you hvala
thankful zahvalan
that da *(conj)*; to *(prn)*
their, their(s) njihov
then onda, zatim; tada
there ondje, tamo, onamo; **over there**
  prijeko; **there is/there are** ima
therefore stoga, zato, dakle
thin tanak
thing stvar *(f)*
third treća/i/e
thirst žeđ *(f)*
this (one) ovaj, ova, ovo; to
thought misao *(f)*
thread konac
through kroz *(acc)*, skroz
throw *(v)* bacati/baciti
thunderstorm oluja
ticket (of admission) ulaznica, karta
time put(a)
tipsy pripit
tired umoran
tobacco duhan
today danas
toilet toalet, zahod; **toilet paper**
  toaletni papir
tone ton
tonight noćas
too pre- *(with adj)*; **too much** previše
tooth zub
torment muka
to/toward k(a) *(dat)*, prema *(dat)*
touch *(v)* dodir/dodirivati/dodirnuti
tour tura, izlet

A/Z

tourist turist/kinja *(m/f)*
tourist information office prometni ured
tourist outfit suputničko društvo
town grad
toy igračka
trace trag
trademark marka
traffic promet, saobracaj
trailer prikolica
transfer *(v)* presjedati/presjesti, prelaziti
transferable prenošljiv
transit prolazak
translate *(v)* prevoditi/prevesti
transport *(v)* prevoziti, prevesti
travel *(v)* putovati
tray poslužavnik
treat *(v)* postupati
treatment postupak
treaty ugovor
tree drvo
trend smjer
trial rasprava
trip putovanje
true istinit, vjeran
trust povjerenje
trustful povjerljiv
truth istina
try *(v)* pokušavati/pokušati
try on *(v)* probati
tube tuba, cijev *(f)*
tunnel tunel
turbid mutan
turn *(v)* okretati/okrenuti, skrenati/skrenuti
turn off *(v)* ugasiti
turn on *(v)* upaliti, paliti
twice dvaput
typical tipičan

U

ugly ružan
umbrella kišobran
unbearable nesnošljiv
uncertain neizvjestan
uncle stric, tetak, ujak
uncomfortable neudoban
unconscious onesviješten
underneath ispod *(gen)*
underpass podvožnjak
understand *(v)* razumijevati/razumjeti
undesirable nepoželjan

undress *(v)* svući
uneasy nelagodan
unemployed nezaposlen
unexpected neočekivan
unfashionable nemoderan
unfavorable nepovoljan
unfortunately nazalost
unfriendly neljubazan
ungrateful nezahvalan
unhappy nesretan
unhealthy nezdrav
unimportant nevažan
unique jedinstven
unjust nepravedan
unknown nepoznat
unload *(v)* istovarivati/istovariti
unlucky nesretan
unnecessary nepotreban
unpack *(v)* raspakirati
unpleasant neugodan, neprijatan
unsafe nesiguran
unsuitable neprikladan
until do
unusual neobičan
upbringing odgoj
uphill uzbrdo
upset: get upset *(v)* uznemiriti se
upward naviše, uvis
urgent hitan
us nas; **to us** nama
use *(v)* upotrebljavati/upotrijebiti
use upotreba, primjena
used: get used to *(v)* navikavati/naviknuti se na
useful koristan
useless beskoristan, nekoristan
usual uobičajen

V

vacant prazan
vacation dopust
vain: in vain uzalud
valid valjan, važeći
validity valjanost *(f)*
valuable skupocjen
valuables vrijedne stvari
value vrijednost *(f)*
very vrlo, veoma
view vidik; pogled
villa vila
village selo
vineyard vinograd
visible vidljiv
visit posjet

visit s.o. *(v)* posjećivati koga, posjetiti koga
voice glas
volt volt
volume svezak *(m)*

W

wage nadnica
wagon kola
wait *(v)* čekati
wake (s.o.) (up) *(v)* buditi
wake up *(v)* probuditi
walk šetnja
walk *(v)* šetati/prošetati
wall zid
wallet lisnica
want *(v)* htjeti, željeti
war rat
warm topao
warmth toplina
warn (about) *(v)* upozoravati/
upozoriti (na) *(acc)*
wash *(v)* prati
washing rublje
wasp osa
waste otpad
watch *(v)* promatrati
watch out! pazi!
water voda
water faucet slavina
watt (W) vat
wave *(v)* mahati/mahnuti
way put; **on the way** usput
we mi
weak slab
weakness slabost *(f)*
wealth bogatstvo
weather vrijeme
wedding svatovi *(m pl)*
wedding ring burma, vjenčani prsten
week sedmica, tjedan
weekly tjedni *(adj);* tjedno *(adv)*
weigh *(v)* težiti, vagati
weight težina
welcome dobrodošao
well bunar, zdenac
well dobro *(adv)*
well-bred fin
well-known poznat
well-to-do imućan
west zapad
western zapadni
wet mokar; **wet through** promočen

what što
what kind of? kakav/kakva/kakvo?
where gdje
while dok *(conj)*
whole sav, čitav
whole cjelina
wicked podao, zločest
wide širok
wife supruga, žena
wild divlji
windowpane okno
windy vjetrovit
wire žica
wish *(v)* zaželjeti
wish želja
with s(a) *(ins)*
without bez *(gen)*
witness svjedok
woman žena
wonderful divan, predivan
word riječ *(f)*
work rad, posao *(m)*
work *(v)* raditi
world svijet
worm crv
worried zabrinut
worry briga
worry about *(v)* brinuti/pobrinuti se
za *(acc)*
worse gori
worst najgori
worth: be worth *(v)* vrijediti
worthy vrijedan
worthless bezvrijedan
wrap up *(v)* zamotavati/zamotati
wrapping omot
write *(v)* napisati, pisati
written pismen
wrong pogrešan

Y

yawn *(v)* zijevati
year godina
yesterday jučer
you ti *(fam)*, vi *(pol)*; **you're
welcome** molim
young mlad; **young lady** gospođica
your, your(s) tvoj
youth mladost *(f)*
Yugoslav Jugoslaven *(m)*,
Jugoslavenka *(f)*
Yugoslav(ian) jugoslavenski
Yugoslavia Jugoslavija

Croatian-English Dictionary

- *(m)* and *(f)* indicate nouns that apply to one gender or the other: **Austrijanac** is an Austrian boy or man, **Austrijanka** is an Austrian girl or woman.
- *(m)*, *(f)*, and *(n)* also indicate nouns whose endings would lead you to conclude that their grammatical gender is other than the one given: **bife** *(m)*, **cijev** *(f)*.

A

a and
adresa address
adresirati to address
agencija agency
aklimatizirati se to become acclimated
ako if
aktovka file folder
akumulator storage battery
alge algae
ali but
ambasada embassy
apetit appetite
artikl article
Austrija Austria
Austrijanac *(m)* Austrian
Austrijanka *(f)* Austrian
auto *(m)* car; **voziti auto** to drive a car
automat automat, vending machine
automatski automatic

B

bacati/baciti to throw
baka grandmother
Balkan the Balkans
banka bank
barem at least, if only, at any rate
baterija battery
bazen za plivanje swimming pool
beba baby
Belgija Belgium
Belgijanac *(m)* Belgian
Belgijanka *(f)* Belgian
benzin gasoline
beskoristan useless
besmislen absurd, nonsensical
besplatan free
besplatno gratis
bez *(gen)* without
bezobrazan biti to be impudent
bezobziran reckless, inconsiderate
bezvrijedan worthless

bife *(m)* snack bar, buffet
bijes fury, rage
bijesan furious, enraged
bilo što something, anything
bilježiti to take notes, record
bilježnica notebook
biljka plant
birati to choose, select, elect, dial *(phone)*
birtija *(colloq)* bar
biti to be; **biti gladan** to be hungry; **biti poznat** to be well-known; **biti protiv** to be against; **biti tu** to be here; **biti žedan** to be thirsty; **biti za** to be for (it), be in favor (of it)
bjesnjeti to rage, to storm
blag mild, gentle
blagajna cashier's counter, ticket office
blagdan holiday
blagonaklon benevolent
blato mud
blic (photo) flash
blijed pale
blistati to glitter, sparkle
blistav glittering; brilliant *(fig)*
blizak near, close
blizina nearness, closeness
blizu *(gen)* near, close (to)
boca bottle
bodar fit
bog god
bogat rich
bogatstvo wealth, riches
boja color; paint; dye
bojati se to be afraid (of), fear
bolan painful
bolestan sick, ill
boljeti to hurt, ache
bolji better; **bolje od** better than
bon coupon
boravak stay
boraviti to stay, reside, dwell
Bosna i Hercegovina Bosnia and Herzegovina
bosti/ubosti to stab, prick
bračni par married couple
brak marriage, matrimony

A/Z

braniti to defend
brat brother
brati to gather, pick
bratić cousin
brava lock
brdo mountain
brežuljak hill, knoll
briga worry, trouble, care
brijati to shave
brinuti/pobrinuti se za *(acc)* to worry about; to be responsible for
brižljiv careful, attentive
brižljivost *(f)* care, carefulness
broj number, numeral; size *(also clothing, shoes);* **označiti brojem** number
brojiti to count
brz quick, fast
brzina speed, rapidity; gear *(auto)*
brzo quickly, rapidly, fast
budan awake, alert
budilica alarm clock
buditi to wake (s.o.) (up); **buditi se** to wake up
budući *(adj)* future
budućnost *(f)* future
buka noise
buket bouquet
bunar well
buniti se to protest
burma wedding ring

C

carina customs
cariniti to clear through customs, pay duty on
centar center
centralan central
cesta road, highway
cigara cigar
cigareta cigarette
cigarilos cigarillo
cijena price
cijev *(f)* tube, pipe
cilj aim, object, purpose
cipela shoe; **broj cipela** shoe size
cjelina whole, totality
cjenkati se to haggle
Crna Gora Montenegro
Crnogorac *(m)* Montenegrin
Crnogorka *(f)* Montenegrin
crta line
crtati to draw
crv worm

cvasti to bloom, flower
cvijet flower

Č

čak even
čamac boat
čao! *(colloq)* ciao! hi!/bye!
čaroban enchanting
časna sestra nun
časopis journal, magazine, periodical
čast *(f)* honor
čaša drinking glass
čavao *(m)* nail
čekati to wait
čekić hammer
čestit honest
čestitati to congratulate
čestitka congratulations; greeting card
često often
četka brush
četkati to brush
četverokutan rectangular
četvrt *(f)* one fourth
četvrtina quarter
čin act, deed
činiti to do; **činiti se** to seem, appear
činjenica fact
čipka lace
čist clean; pure
čistionica dry cleaning shop
čistiti to clean; to dry clean
čitati/pročitati to read
čitav whole, entire, intact, safe
članak article *(newspaper)*
čovjek human, man
čudan strange, odd
čuditi se *(dat)* to be surprised (at), wonder
čuti to hear
čuvar guard, watchman
čuvati to guard, watch; to protect
čvor knot
čvrst firm, sturdy

D

da *(conj)* that; **da li** whether
dah breath
dakle therefore, consequently, thus
dalek distant, remote

dalekozor binoculars
dama lady
dan day; **svaki dan** every day
danas today
danju by day, in the daytime
dapače even
dati to give; **dati napraviti** to have (s.th.) done
datum date
dažbine *(f pl)* fees
debeo fat, obese
debljati to put on weight
deka *(colloq)* blanket
deponirati to deposit
derati to tear, rip
desna/i/o right(-hand)
desno (to the) right
dijagnoza diagnosis
dijapozitiv slide *(photo)*
dijeliti/podijeliti to divide, separate; **dijeliti s kim** to share with s.o.
dijete child
dim smoke
dio *(m)* part, share
direktor director, manager
divan wonderful
diviti se to admire, wonder
divljač *(f)* game *(hunt)*
divlji wild
dizalo elevator
dizati/dignuti to lift
djed grandfather
djelatnost *(f)* activity
djelo deed, act; work
djelotvoran efficient, effective
djelovanje effect
djevojka girl
dnevnice *(f pl)* per diem, expenses
do until; to, as far as
dob *(f)* age
dobar good
dobavljati/dobaviti to provide, supply
dobijati/dobiti to get, obtain; to win; **dobiti natrag** to recover
dobije se is available
dobit *(f)* profit, gain
dobro *(adv)* well
dobrodošao welcome
dočekivati/dočekati to receive, meet
doći to come, arrive; **doći po** to come for
dodatan additional
dodavati/dodati to add
dodir touch, contact
dodirivati/dodirnuti to touch
događaj event

događati/dogoditi se to happen, occur, take place; **što se dogodilo?** what happened?
dogovarati/dogovoriti se to arrange, fix, settle
dogovor arrangement
dojam impression
dok *(conj)* as long as, while
dokaz proof
dokazivati/dokazati to prove
doktor doctor
dokument document
dolaziti po to come for
dolje down; downstairs; **tamo dolje** down there
dom house, home
domaći domestic
domaćin/-ćica host/hostess
domovina homeland
donositi/donijeti to bring, fetch
dopirati to reach
dopisivanje correspondence
dopisnica postcard
dopodne in the morning
dopust vacation
dopuštati/dopustiti to allow, permit; to grant
dopušten permissible
doputovati to arrive, come
doručkovati to eat breakfast
dosad(a) so far, up to now
dosadan boring
dosađivati/dosaditi to bother, pester
dosezati/dosegnuti to reach
dosta enough
dostajati to be enough
dotičan concerning
doznačivati/doznačiti to remit, transfer
doznavati/doznati to learn, find out
dozvola permission, permit
drag dear, sweet
druga/i/o another, other; second, next
drugdje elsewhere
drugi the other (one); **drugi put** another time; **neki drugi** someone else
drugo secondly
drukčije differently
drukčiji different
društvo society, company, corporation
drvo tree; wood
držak handle
držati hold
država state; country

A/Z

dubok deep
dućan *(colloq)* store, shop
dug debt
dug(ačak) long
dugme button; **pritisnuti dugme** to push a button
dugovati to owe
duhan tobacco
duljina length
dužnost *(f)* duty
dvaput two times, twice
dvorac castle
dvorana auditorium, hall
dvorište courtyard
dvostruk double

DŽ

džep pocket

E

ekser *(colloq)* nail
električni electric(al)
emancipiran emancipated, liberated
emisija broadcast, program *(radio, television)*
engleski English
Europa/Evropa Europe
Europljanin *(m)* European
Europljanka *(f)* European
europski European
eventualno possibly, perhaps

F

faliti *(colloq)* to lack, want
feder *(colloq)* pen
fer fair
filijala branch
film film
filtar filter
fin well-bred, mannerly, fine
firma firm, company
flaša bottle
flert flirt
fleš (photo) flash
format format; size
formular form; **ispuniti formular** to fill out a form

foto photo
foto-aparat camera
fotografija photograph
fotografirati to photograph
francuski French
funkcionirati to function

G

galeb seagull
garancija guarantee
garaža garage
gasiti to extinguish, put out, turn off
gat pier, wharf
gdje where
gips plaster of Paris
gitara guitar
glačalo iron
glad *(m/f)* hunger
gladak smooth
glas voice, vote
glasan loud; **glasno govoriti** to speak loudly
glavni main, chief; **glavni grad** capital city; **glavni ulaz** main entrance
glazba music
gledatelj spectator
gledati to look at, watch
glinena roba pottery
globa fine, penalty
glup stupid, dumb
godina year
godišnje annually, yearly; **godišnji** annual; **godišnji odmor** annual vacation; **godišnje doba** *(n)* season
gol naked, nude
gomila crowd
gorak bitter
gore above, up there; **tamo gore** up above there
gori worse
gorjeti to burn
gospodin gentleman, Mr.
gospoda lady, Mrs., Ms.
gospođica young lady, Miss
gost guest
gostionica inn, bar, saloon
gostioničar innkeeper, saloonkeeper
gostoljubivost *(f)* hospitality
gotov ready, finished
govoriti to speak, talk
grad city, town
graditi to build

gramofon record player
gramofonska ploča record
granica border, frontier
Grčka Greece
grijati to heat, warm
gristi/ugristi to bite
Grk (m) Greek
Grkinja (f) Greek
grliti to hug, embrace
grm bush, shrub
grozničav hectic, feverish
grupa group
gubitak loss
gubiti to lose
gumb button
gurati/gurnuti to push, shove
gust dense, thick
gutljaj gulp, swallow

H

halo! hello! (phone)
haringa herring
historija history
hitac shot
hitan urgent, pressing
hladan cold, cool
hobi (m) hobby
hodati to go (on foot); to walk; to march, hike
hodnik corridor, hallway
honorar honorarium
hotel hotel
hrana food
hranljiv nourishing
hrkati to snore
hrpa heap, pile
Hrvat (m) Croat(ian)
Hrvatica (f) Croat(ian)
Hrvatska Croatia
htjeti to want
hvala thank you; **hvala Bogu!** thank God!
hvaliti to praise
hvatati to catch, grasp

I

i and; **i tako dalje** and so forth
ići to go, walk; **ići naprijed** to go on/ahead; **ići natrag** to go back; **ići ravno** to go straight ahead; to be

fast (clock)
ideja idea
idući next, following
igla needle
igraća karta playing card
igračka toy
igrati (se) to play
ikada ever
ili or; **ili ... ili** either ... or
ima there is, there are
imanje country estate; farm
imati to have; to possess, own; **imati krivo** to be wrong; **imati pravo** to be right
ime name
imendan name day
imućan well-to-do
inače otherwise
incident incident
informacija information
informirati to inform; **informirati se** to find out, get information
inozemni foreign
inozemstvo foreign countries; **u inozemstvo** abroad
insekt insect
interes interest
ipak however, nevertheless, still
iscrpljen exhausted
iseliti se to move out (of one's home)
ishrana food, board, rations
isključeno impossible, out of the question
iskra spark
iskusan experienced
iskustvo experience
ispit exam, test
ispitati/ispitivati to examine, test, interrogate
ispod underneath; **ispod** (gen) under, below
ispratiti to see off
ispravan correct, right
ispraviti/ispravljati to correct
ispred (gen) before, ahead of, in front of
ispričati to tell; **ispričati se** to apologize
isprika apology, excuse
ispuniti formular to fill out a form
isti the same
istina truth
istinit true
istjecati/isteći to proceed, take its course

A/Z

isto the same; **isto tako ... kao i** just as ... as
istok east
istovarivati/istovariti to unload
istovremen simultaneous
išta anything
Italija Italy
iz *(gen);* from *(origin)* **iz Zagreba** from Zagreb
iza *(gen)* behind
izabirati/izabrati to choose, select
izaći to go out *(leave the house);* **izaći (iz štampe)** to appear, be published *(book)*
izbijati to strike *(clock)*
izbjeći/izbjegavati to avoid
izbor choice, selection
izdaci *(m pl)* expenses
izgled outlook, prospect
izgledati to look, seem, appear
izgorjeti to burn down
izgovarati/izgovoriti to pronounce
izgovor pronunciation; excuse
izgovoriti slovo po slovo to spell
izgubiti to lose
izjavljivati/izjaviti to state, declare
izlaz exit, way out; **izlaz (kolni)** exit *(road)*
izlaziti/izaći to go out; to lead (into), run (into) *(street)*
izlet excursion, tour
izlog store window, display window
između *(gen)* between, among; **između ostalog** among other things
izmjeriti to measure
iznad *(gen)* above, over
iznajmljivati/iznajmiti to rent
iznenadan sudden
iznenađen surprised
iznimka exception
iznositi to amount to, total
izravan direct
izraz expression
izrazit express, explicit
izručivati/izručiti to deliver a message
izumjeti to invent
izvan out of, outside
izvana from outside
izvijestiti to report, inform
izvjestan *(adj)* certain
izvješće report
izvoli(te) please
izvor spring
izvratiti to spend

J

ja I
jad distress, grief
Jadran Adriatic (Sea)
jaje egg
jak strong
jasan clear, obvious
jastuk pillow
javan public
javljač požara fire alarm
javljati/javiti to report; to inform, notify
jedan, jedna, jedno one; **jedan i po(l)** one and one half; **jedan drugoga** one another, each other
jedanput once
jedini the only
jedinstven unique
jednak equal
jednostavan simple
jedva barely, hardly, scarcely
jeftin cheap, inexpensive
jelo dish; food; **red jela** course; **pri jelu** over a meal
jelovnik menu
jer as, for, because
jesti to eat
jestiv edible
jezero *(m)* lake
jezik language
još still; **još jednom** once more; **još ne** not yet
jučer yesterday
jug south
Jugoslaven *(m)* Yugoslav
Jugoslavenka *(f)* Yugoslav
jugoslavenski Yugoslav(ian)
Jugoslavija Yugoslavia
jutro morning
južni southern
južno od *(gen)* south of

K

k(a) *(dat)* to, toward; **k tome** in addition to it
kabina cabin
kad(a) if, when
kakav/kakva/kakvo? what kind of?
kako how
kakvoća quality
kamen stone, rock
kameni stony, rocky
kanal canal

kao as, like; **kao da** as if
kap *(f)* drop
kapati/kapnuti to drip, drop
kapela chapel; **muzička kapela** band
karta card, ticket; **(osobna) karta** identification card, ID; **(geografska) karta** map; **(igraća) karta** (playing) card; **(vozna) karta** (train) ticket
kasa cashier's desk, check-out counter
kasan late
kasnije later
kašljati to cough
kat floor, story
kaucija deposit
kava coffee
kavana café
kazati to say, tell
kazna penalty, punishment
kći daughter
keramika ceramics
kesa bag, sack *(fairly large)*
kesica bag *(small)*
kestenjast chestnut, brown *(hair)*
kihati/kihnuti to sneeze
kip statue
kiseo sour
kišiti to rain
kišobran umbrella
kladiti se to bet
kliješta pliers, pincers
klima climate
klupa bench, school desk
knjiga book
kocka cube, die (dice, *pl*)
kofer suitcase
kola wagon; **bolnička kola** ambulance
kolega *(m)* colleague
koliba hut
količina amount, quantity
komad piece; **komad kruha** a piece of bread
komarac gnat, mosquito
kompas compass
konac thread
konačan final
konačno finally
kondom condom
kontejner za smeće garbage can
kontracepcijsko sredstvo contraceptive
kontrolirati to check, control
konzulat consulate
kopija copy
kopno land

kor choir
korak step, pace
korist *(f)* advantage, benefit
koristan useful, beneficial
košara basket
koštati *(colloq)* to cost
kovan novac coin
kovčeg suitcase
koža leather, hide
kraj (1) end; **na kraju** at the end; in the end, finally; **(2)** area
krasan splendid, wonderful
krasti to steal
kratak short
kratica abbreviation
kratkoročan short-term
krava cow
krčma bar, saloon
kreativan creative
kredit credit, loan
kretanje movement, exercise
krevet bed
krijumčariti to smuggle
kriška slice
kritizirati to criticize
krivica blame, guilt
krivo razumjeti to misunderstand; **imati krivo** to be wrong
križanje, crossing *(street)*
krojač/krojačica tailor/seamstress
kroz *(acc)* through
krpa cloth, rag
krpiti to patch
krupan large, big
kruška pear
krzno fur
kucati to knock
kuća house; **kod kuće** at home
kućica, alpska (alpine) hut
kućna vrata *(n pl)* front door, street door
kuhati to cook
kuhinja kitchen
kuka hook
kukac insect
kultura culture
kupa cup
kupac buyer, purchaser, customer
kupaonica bath
kupati se to take a bath; to swim
kupka spa
kupovati/kupiti to buy, purchase
kupovina purchase
kurs course
kušati to taste, try
kut corner
kutija box, can

A/Z

kvalitet quality
kvariti to spoil

L

lagan light, easy *(weight)*
lampa *(colloq)* lamp
lanac chain
laž *(f)* lie
lažan fake, false
leći to lie down
letjeti to fly
ležati to lie *(outstretched)*
ličan personal
lift elevator
lijek drug, medicine, remedy
lijen lazy
lijep pretty, attractive, nice
lijeva/-vi/-vo left
lijevo (to the) left
limenka can
lisnica wallet
list leaf, paper (sheet of), letter
lista list
livada meadow
logičan logical
lomiti to break
lomljiv breakable
lonac pot
lopta ball
loš bad, inferior
loše badly, poorly
loviti ribu to catch fish
ložiti to heat
lož-ulje *(colloq)* heating oil
lud crazy, insane
lukav crafty, sly
luksuz luxury
luksuzan luxurious
lula pipe *(for tobacco)*
lutka doll

LJ

ljepota beauty
ljestve *(f pl)* ladder
ljetnikovac summer cottage
ljubav *(f)* love
ljubazan kind, nice, friendly
ljubaznost *(f)* kindness
ljubimac favorite
ljubiti to love
ljubiti/poljubiti to kiss

ljudi *(m pl)* people
ljudski human
ljutit angry
ljutiti se zbog *(gen)*/**na** *(acc)* to be angry about

M

ma tko anybody you please
mačka cat
magarac donkey
maglovit foggy
mahati/mahnuti to wave, motion
majka mother
Makedonac *(m)* Macedonian
Makedonija Macedonia
Makedonka *(f)* Macedonian
malen little, small
malo a little
mama mother, mama
mana fault, defect, flaw
manje fewer, less
manji smaller, minor
marama scarf *(head)*
marka mark, trademark, brand;
  (poštanska) marka (postage) stamp
marljiv diligent
maršruta route *(travel)*
mastan greasy
materijal material
mati *(f)* mother
me *(acc)* me
medicinska sestra nurse
meduza jellyfish
među *(instr)* between, among
međunarodni international
međutim meanwhile
mek(an) soft, tender
mene *(acc)* me
meni *(dat)* to me
meso meat
mi we; me
mig hint
mijenjati to change; to exchange
miješan mixed
mimo past
mimoići to pass by
minus minus
minuta minute
mir peace, quiet
miran peaceful; quiet
miris smell, fragrance
mirisati to smell
mirnoća calm *(emotions)*
misa *(rel)* Mass, mass

misao *(f)* thought
misliti to mean; to think; **misliti na**
(acc) to think about
mišljenje opinion; **po mom**
mišljenju in my opinion
mjera measure
mjeriti to measure
mjesec moon, month
mjesečni *(adj)* monthly
mjesečno *(adv)* monthly
mjesto (1) place, spot, seat;
(2) *(prp gen)* instead of
mješovit mixed
mlad young
mladić boy, young man
mladost *(f)* youth
mlaz jet (of water)
mnogo much, a lot
mnogobrojan numerous
mnoštvo large crowd
moći to be able (can)
močvara swamp
moda fashion, vogue
moderan modern
moguć possible
mogućnost *(f)* possibility
moj my
mokar wet
mol jetty, mole
molba request
molim you're welcome; **molim?**
(I beg your) pardon?
moliti kogazašto ask s.o. for s.th.;
moliti se to pray
molitva prayer
momčad *(f)* team *(sports)*; crew
morati to have to
more sea
morski jež sea urchin
motka pole
možda maybe, perhaps
mračan dark
mreža net
mrlja spot, stain
mršav skinny, thin
mršaviti/smršaviti to lose weight
mrtav dead
muha fly
muka torment
munja lightning
muškarac man, male
muški masculine, male
mušterija *(m)* customer
mutan turbid
muž husband
muzika music

N

na *(prepos)* on, at; **na Savi** on the
Savi River
nabavljanje acquisition, purchase
nabavljati/nabaviti to purchase,
acquire
nacija nation
nacrt plan, design; draft
način manner, way
naći find
nadati se to hope
nadležan competent
nadmašiti to surpass
nadnevak date
nadnica wage
nadoknaditi to compensate
(damages)
nadut bloated
nagib incline
naglasak stress *(accent)*
nagovoriti to persuade
nagrada reward
nagrađivati/nagraditi to reward
najam rent
najavljivati/najaviti to announce
najbolja/i/e best
najgori worst
najmanje at least, the least
najprije first (of all)
najviše most (at the)
najzad finally, at last
nakon after
nakupiti to accumulate
nalaziti/naći to find
nalaziti se to be located
nalazni ured lost and found
office
nama (to) us
namirnice *(f pl)* provisions
namjera intention
namjeran intentional
namjeravati to intend
namještaj furniture
namjestiti (stan) to furnish
namještenje employment, job
naniže downward
naočale *(f pl)* eyeglasses; **naočale**
protiv sunca *(f pl)* sunglasses
napadati/napasti to attack
napisati to write
napokon finally
napolju outdoors
napomenuti to remark, note
napor effort
naporan strenuous
napredak progress

A/Z

napredovati to make progress, develop, advance
naprijed forward, ahead; **naprijed!** come in!
naprotiv on the contrary
naprtnjača backpack, knapsack
napumpati to pump up
napuštati/napustiti to abandon
narav *(f)* nature
naravan natural
naravno naturally
naročito especially
narod people, nation
nas us
naslov address
nastavljati/nastaviti to continue
nastradati to have an accident
nasuprot *(adv)* opposite
naš, naša, naše our, ours
natjecanje competition
natovariti to load
natpis sign, inscription
natrag back, backwards
naučiti to learn; to teach
navečer in the evening
navika habit; custom
navikavati/naviknuti se na *(acc)* to get used to; **biti naviknut** to be accustomed to
naviše upward
navratiti to drop in, come by
nazad backwards
nazivati/nazvati to name, call
nazočan present
nazor opinion, view, idea
nažalost unfortunately
ne no; not; **još ne** not yet
nebo sky, heaven
neboder skyscraper
nećak nephew
nećakinja niece
nedavno recently
nedostajati to lack
nedostatak lack, shortcoming
nedovoljan insufficient
negativan negative
negdje somewhere
nego than *(in comparisons)*, but
neiskusan inexperienced
neizbježan inevitable
neizvjestan uncertain, dubious
nekad(a) formerly, long ago
nekako somehow
nekamo somewhere
nekoliko a few, some, several, any
nekoristan useless

nelagodan uneasy
neljubazan unfriendly, unkind
nemaran indolent
nemati povjerenja to mistrust
nemiran restless
nemoderan unfashionable, out-of-date
nemoguć impossible
neobavezan not binding, not obligatory
neobičan unusual
neočekivan unexpected
neodlučan indecisive, undecided
neodređen indefinite
neophodan indispensable
neoprezan incautious
neoženjen single, unmarried *(man)*
neposredan immediate, direct
nepostojan inconstant
nepotpun incomplete
nepotreban unnecessary
nepovoljan unfavorable
nepoznat unknown
nepoželjan undesirable
nepraktičan impractical
nepravda injustice
nepravedan unjust
nepravilan irregular
neprijatan unpleasant, disagreeable
neprikladan unsuitable
nepristojan indecent; impolite
nerabljen new, unused
nerado reluctantly, unwillingly
nered disorder
nervozan nervous
nesiguran unsafe, uncertain
nesnosan burdensome
nesnošljiv unbearable, intolerable
nesporazum misunderstanding
nesposoban incapable, incompetent
nesreća misfortune, bad luck; **na nesreću** unfortunately
nesretan unhappy, unlucky
nestajati/nestati to squander
nestao gone
nesumnjiv doubtless
nešto something
netko someone
netočan inaccurate
neučtiv impolite
neudata single, unmarried *(woman)*
neudoban uncomfortable
neugodan unpleasant
neuljudan impolite
nevažan unimportant
nevažeći invalid

O

nevin innocent
nevjerojatan incredible
nezadovoljan dissatisfied
nezahvalan ungrateful
nezaposlen unemployed, out of work
nezdrav unhealthy
nezgoda accident
neženja *(m)* bachelor
ni ... ni neither ... nor
nigdje nowhere
nijansa shade, nuance
nijedan none
Nijemac *(m)* German
nikad(a) never
nikako not at all, in no way
nimalo not a bit
ništa nothing; **ništa više** nothing else
niti not even; **niti ... niti** neither ... nor
nitko nobody, no one
nizak low, short, base
nizbrdo downhill
noć *(f)* night
noćas tonight
noću by night, at night
nokat fingernail
normalan normal
normalno normally
nosač porter
nositi carry
nošnja folk costume
nov new
novac money
novčanica bill, banknote
novčić coin
novina novelty
novine *(f pl)* newspaper
novost *(f)* news, novelty
nuditi to offer
numerirati to number
nužan necessary; **u slučaju nužde** in case of necessity, if need be

NJ

njegov *(poss prn)* his, its
Nijemac *(m)* German
Njemačka Germany
njemački German
Njemica *(f)* German
njezin, njezina, njezino *(poss prn)* her
nježan tender, delicate
njihov their, theirs

oba both
obala bank, shore
obavijest *(f)* information
obavijestiti se to get information
obavještavati/obavijestiti to inform, notify; **koga** to let s.o. know
obavljati to pursue *(a profession)*
obavljati/obaviti to carry out, perform
obećanje promise
obećavati/obećati to promise
običan ordinary; usual, customary
objjati/obiti to depart
obilan abundant
obitelj *(f)* family
obje both
objesiti to hang up
oblačiti/obući to dress
oblik form; shape
oblikovati to shape, form
obmanuti to deceive, delude
obnavljati/obnoviti to renew, restore
oboje both
obojen colored
obrađivati/obraditi to process, cultivate
obraniti to defend
obratan reverse, contrary
obratiti se kome to contact s.o., apply to s.o.
obrazac form
obrazovanje education
obrijati to shave
obrok meal
obući se to get dressed
obveza, obaveza obligation; **biti obavezan** to be obligated
obzir consideration
ocariniti to clear through customs
ocean ocean
očajan desperate
očaran fascinated, thrilled
ocjenjivati/ocijeniti to judge
očekivati to expect
očistiti to clean
od of, from; than *(in comparisons)*; made of *(material)*; **haljina od svile** a silk dress
odatle from there
odbijati/odbiti to refuse, reject
odgađati/odgoditi to delay, postpone
odgoda delay, postponement
odgoj upbringing

A/Z

odgovarati to suit, be adequate
odgovarati/odgovoriti to answer, reply
odgovor answer, reply
odgovoran responsible
odjeća clothes
odlazak departure
odlaziti to go away
odličan excellent
odlučan determined
odlučiti se to make up one's mind, decide
odlučivati/odlučiti to decide
odluka decision
odmah immediately, at once
odmarati/odmoriti se to rest
odmor rest
odnijeti to take away
odnositi se na (acc) to treat, concern, apply to
odnositi/odnijeti to carry away
odobravati/odobriti to approve
odrasli (m)/-la (f) adult
određen certain; definite
odrezak check stub, ticket stub
održati (se) to hold one's own
održavati/održati se to take place
odšteta damages, compensation
odseliti se to move out (of one's house)
odsutan absent
oduševljen enthusiastic
oduzimati/oduzeti to take away, subtract
odvojen separate
oglas advertisement
ograda railing, barrier (train station)
ogrlica collar, necklace
okladiti se to bet
oklijevati to hesitate
okno windowpane
oko eye; oko (gen) around, about (time)
okolina environment
okolnosti (f pl) circumstances
okolo (gen) around, about
okrepa refreshment
okretati/okrenuti to turn
okrugao round
olako lightly
oluja thunderstorm; olujni vjetar windstorm
omaškom through an oversight
omogućiti to make possible
omot wrapping, packaging
on he

ona she
onamo there, in that direction
onda then
ondje there
onesviješten unconscious
opasan dangerous
opasnost (f) danger
opatica nun
opaziti to notice
općenito in general, generally
opći general, common
operirati to operate
opet again
opijati/opiti se to get drunk
opisivati/opisati to describe
oklada bet
opor dry (wine)
oporavak recovery, convalescence
oporavljati/oporaviti se to convalesce, get better
opraštati/oprostiti to forgive, pardon
opraštati se/oprostiti se to part, take one's leave
oprema equipment
oprez caution
oprezan cautious
oprostiti to excuse, pardon; oprostite, molim excuse me, please
opruga spring (elastic)
opširan detailed, circumstantial
orden order, decoration (distinction)
osa wasp
osamljen lonely
osigurač fuse
osiguranje insurance
osiguravati/osigurati to insure; to make sure
osim (gen) besides, except; osim toga moreover, apart from this
osjećaj feeling, emotion
osjećati/osjetiti to feel
osjetilo sense
osoba person
osoban personal
osobina characteristic
osobito especially, particularly
osoblje personnel, staff
osobni podaci (m pl) personal data
ostajati/ostati to remain
ostatak remnant
ostati pri (prepos) to insist on
ostavljati/ostaviti to leave; ostaviti za sobom to bequeath
ostvarivati/ostvariti to realize
osušiti to dry (up)
osvrtati/osvrnuti se to look around

A/Z

oštar sharp, severe
oštećenje damage
oštećivati/oštetiti to damage
otac father
otad(a) since then
otečen swollen
otići to leave, go away
otišao gone, away
otkad(a)? since when?, how long?
otkazati to cancel *(hotel reservation)*
otkriti to discover
otmjen stylish, elegant
otok island
otpad waste, refuse
otpremati/otpremiti to forward, ship
otprilike approximately, roughly
otputovati to leave, depart;
  otputovati (u) *(acc)* to depart for;
  otputovati (van zemlje) to leave
  the country, emigrate
otrov poison
otrovan poisonous
otvarati/otvoriti to open
otvoren open; frank, outspoken
ovaj, ova, ovo this (one)
ovako like this, this way
ovamo (over) here
ovca sheep
ovdje here
ovlašćen empowered, authorized
ozbiljan serious
ozljeđenik/-nica injured man/woman
oznaka mark, designation;
  characteristic
oženiti se to marry *(in reference to
  a man)*
oženjen *(m)* married

P

pad fall, tumble
padati/pasti to fall, drop, decline;
  padati (kiša) to rain; **padati (snijeg)**
  to snow
paket package
paketić small package
pakirati to pack *(suitcase)*
paliti to turn on *(light)*, ignite; to
  start, fire *(engine)*
pamet *(f)* mind, intelligence
pametan intelligent, clever
pamtiti to memorize, remember
panorama panorama
par pair, a couple

park park
parkirati to park
party party
pas dog
pasaž passageway
pasoš passport
pasti fall, drop
paušal all-inclusive price
pazi! watch out! caution!
paziti to be careful; to keep watch;
  paziti (na) *(acc)* to watch out (for)
pažljiv attentive, careful; considerate
pčela bee
pecati fish
pečenje roast meat
peć *(f)* stove, oven
peći to roast
pegla *(colloq)* iron
pehar jug
penjati se to climb
periferija periphery
pero feather, pen
pertle *(colloq)* shoelace
pijan drunk
pijetao *(m)* rooster
pisati to write
pismen written
pismo letter
pitak drinkable
pitanje question
pitati/upitati to ask
piti to drink
pješak pedestrian
pjesma song
pjevanje singing
pjevati to sing
plaća salary, wages
plaćanje payment
plaćati/platiti to pay; **plaćati u
  gotovu** to pay in cash
plakat poster
plakati/zaplakati to cry, weep
plamen flame
plan plan; **plan grada** city map
plašiti to frighten, scare
platiti to pay
plaža beach
ples dance, ball
plitak shallow
plivati to swim
pljesak applause
po each *(before numbers)*
pobjesnjeti to become furious
pobuda incentive
pocrnio tan, tanned
početak beginning

A/Z

počinjati/početi to begin, start
počistiti to clean
poći po to fetch
pod floor; ground; pod *(acc/ins)* under, below
podao wicked
podatak datum, piece of information; dati podatke to give information; pobliži podaci more detailed information
poderati to tear
podesan suitable, appropriate
podijeliti to distribute
podjela distribution
podne noon, midday
podnositi/podnijeti to endure, stand, bear
podružnica branch (office)
podsjetiti koga na *(acc)* to remind s.o. of (s.th.)
podstava lining
poduzeće enterprise, undertaking, firm
podvožnjak underpass
pogled view, look
pogledati to look at
pogoditi to guess
pogrešan wrong, mistaken
pogreška error, mistake
pohraniti to deposit
pohvaliti to praise
pojaviti se to appear
pojedini single
pojedinost *(f)* detail
pojma nemam! I haven't the faintest idea!
pokazivati/pokazati to show, demonstrate
poklanjati/pokloniti to give (as a gift), present
poklon gift, present
pokraj *(gen)* beside, close to, by
pokretati/pokrenuti to move
pokrivač cover, blanket
pokrivati/pokriti to cover
pokucati to knock
pokus test
pokušaj attempt
pokušavati/pokušati to try, attempt
pokvaren defective, spoiled, bad
pokvariti to spoil, ruin; pokvariti se to spoil, go bad
po(l) half
polagan slow
polagati/položiti to deposit, lay, place
poledica hard frost, glaze

politika politics
polje field
poljubac kiss
polovina half
položaj situation, position, condition
pomagati/pomoći komu to help s.o., be of help to s.o.
pomoć *(f)* help
pomoću *(gen)* by means of
ponašanje behavior, conduct
ponavljati to repeat
ponoć *(f)* midnight
ponoviti to repeat
ponovo again
ponuditi to offer
pop priest
popeti se to climb
popis list, inventory
popiti to drink
popodne afternoon
popravak repair
popravljati/popraviti to repair, improve
poprijeko across
popuniti to fill out, complete *(form)*
popunjen full (up), filled (up)
popust discount, reduction
popušiti to smoke
porasti to grow up
pored beside
poricati/poreći deny
poročan rotten, corrupt *(morally)*
porodica family
posada crew
posao *(m)* work, job, business, employment; obaviti posao to take care of a matter, to perform a job
poseban special, particular
posebno specially, particularly
posjećivati koga to visit s.o.
posjed property; seljački posjed farm, farmstead
posjedovati to own, possess
posjet visit
posjetiti koga to visit s.o.
poslati to send, dispatch; poslati po to send for
poslije after; afterwards
posluga service
poslušati to obey
poslužavnik tray, platter
posluživati/poslužiti to serve, wait on
posljednja/-nji/-nje last, final
posrednik mediator

postajati/postati to become
postavljati/postaviti to put, place, set
postelja bed
posteljina bedding, bed linens
postići to attain
poslizati/postići to achieve
posto percent
postojan stable, durable
postojati to exist, be
postotak percentage
postupak treatment, procedure
postupati to treat, deal with
posuda container, vessel
posuditi (od koga) to borrow (from s.o.)
posuđivati/posuditi (komu) to lend (to s.o.)
pošta mail, post office; **na pošti/poštu** at/to the post office
pošto after, since
potajan secret
potjecati to be derived from
potpetica heel
potpis signature
potpisivati/potpisati to sign
potpora support
potpun complete, full
potpuno completely, fully
potražiti to search, demand
potraživati to claim
potreba necessity
potreban necessary, needed
potrgati to tear
potrošiti to spend, consume
potrošnja consumption
potruditi se to take pains, make an effort
potvrđivati/potvrditi to confirm, certify
poučavati to teach
poučavati/poučiti to teach, instruct
pouzdan reliable
pouzdavati/pouzdati se u (acc) to rely on, trust
povijest (f) history
povisivati/povisiti to raise (prices)
povjerenje trust, confidence
povjerljiv trustful
povlačiti se to retreat
povod motive
povoljan favorable
povratak return; **povratak kući** homeward journey
povući to drag along, pull; **povući se** to retreat
pozdravljati/pozdraviti to greet

pozitivan positive
poziv invitation
pozivati/pozvati to call, summon, invite
poznanik/-nica (m/f) acquaintance
poznanstvo acquaintance
poznat well-known
pozornost (f) attention
pozvati to call
požar fire
požuriti se to hurry up
praktičan practical
prašak powder
prašina dust
prati to wash
pratiti to accompany
pratnja escort
pravac direction
pravedan just, fair
pravi original, true, authentic
pravilan (adj) regular
pravilno (adv) regularly
praviti/napraviti to make, manufacture
pravo right, law; **imati pravo** to be right
pravovremeno (adv) punctual, on time
prazan empty, vacant
praznik holiday; **za vrijeme praznika** on vacation
pre- too (with adj)
prebivalište residence, home
prečica shortcut
preći to go across, transfer
pred (acc)/(ins) before, in front of (place)
predavati/predati to deliver
predgrađe suburb, outskirts
predivan wonderful
predjelo appetizer
predlagati/predložiti to suggest
predmet object, topic, subject
prednost (f) preference, privilege, advantage
predodžba idea, notion
predstava show, performance (theater)
predstaviti/predstavljati to introduce
predstavljanje introduction
predznak indication
pregledavati/pregledati to examine
prekid interruption
prekidač switch
prekidati/prekinuti to interrupt, break off

A/Z

prekomorje overseas
prekoračivati/prekoračiti to exceed
prelaziti to transfer, to go across
prema *(dat)* toward
premda although
prenoćiti to spend the night
prenošljiv transferable
preostajati/preostati to be left over
preostali left over, remaining
preporučiti to recommend
preporuka recommendation
prepoznavati/prepoznati to recognize
prepun overcrowded
preračunavanje conversion *(currency, measurements)*
presjedati/presjesti to transfer
prestajati/prestati to stop, cease
presuda judgment, sentence
presvlačiti/presvući se to change clothes
pretjecati/preteći pass *(with a car)*
pretjeran exaggerated
pretposljednja/i/e next to last, penultimate
pretpostaviti to suppose, presume
pretpostavka supposition, presumption
pretpostavljati/pretpostaviti to suppose, presume
preuzimati/preuzeti to take over
prevara fraud, deception
prevariti to deceive, swindle
prevesti to transport, carry over
previjati/previti to dress *(med)*
previše too much
prevoditi/prevesti to translate
prevoziti to transport
prezervativ condom
pri *(prepos)* at, by, near
pribadača, *(colloq)* **špenadl** pin
približavati/približiti se to approach
pričati to tell (a story); to relate
prigodom occasionally
prigovarati/prigovoriti to find fault with, criticize
prihvaćanje acceptance
prihvaćati/prihvatiti to accept
prihvatiti to accept *(invitation)*; **prihvatiti se** to help oneself
prijatan pleasant, nice
prijatelj friend
prijateljevati to be friends
prijateljica girlfriend
prijateljstvo friendship
prijati to be to one's taste; to suit

prije formerly, previously; **prije nego** before; **prije svega** first of all; **prije** *(gen) (time)* before; **što prije** as soon as possible
priječiti to hinder, prevent
priječiti/spriječiti to prevent, obstruct
prijedlog suggestion
prijeko over there
prijelaz crossing
prijevoj mountain pass
prikladan appropriate, fit
prikolica trailer
prilaz access
priličan considerable, fair
prilika opportunity, occasion; **po svoj prilici** *(adv)* about, approximately
prilikom occasionally
prilog enclosure *(letter)*
prima great, swell, terrific
primanje acceptance, reception
primati/primiti to receive, accept
primijeniti to apply (to) *(law)*
primitak receipt
primjećivati/primijetiti to notice
primjena application, use
primjer example; **na primjer** for example
prinuda compulsion
priopćavati/priopćiti to inform, announce
priopćenje announcement, communication
pripadati to belong
pripaziti (na) *(acc)* to look after, keep an eye on
pripit tipsy
pripremati/pripremiti to prepare
priredba show, performance
priređivati/prirediti to prepare, arrange
priroda nature
prirodan natural
prisiliti to force
pristajati to fit *(clothing)*
pristajati/pristati to agree, consent
prisutan present
pritužba complaint
privatan private
prividnost *(f)* illusion
privremeno temporarily, for the time being
prizemlje ground floor
priznanica receipt; **dati priznanicu** to give a receipt
prljav dirty, filthy
prljavština dirt, filth

probati to try (on); to test
probuditi to wake up; **probuditi se** to wake up
procent percentage
procesija procession
procjenjivati/procijeniti to estimate
pročitati to read
proći to pass, go by *(time)*; **proći mimo** to pass by
prodaja sale
prodavaonica store, shop
prodavati/prodati to sell
produžjvati/produžiti to extend, prolong
program program
proizvod product
proizvoditi/proizvesti to produce
prolaz passage, arcade; **prolaz (kolni)** thoroughfare; **prolaz (pješački)** pedestrian passage
prolazak transit; **na prolasku** in transit, passing through
prolaziti to pass, go by *(time)*
prolazno temporarily
promatrati to watch, observe
promet traffic
prometati to run, ply, operate *(transportation)*
prometni ured tourist information office
promijeniti to change, alter
promjena change, alteration
promočen wet through, soaked
propis rule, regulation
propovijed *(f)* sermon
propuh draft of air
propuštati/propustiti to neglect to do, omit
proračunavati/proračunati to calculate
prosječan average
prosječno *(adv)* on the average
prospekt brochure
prostački rude, boorish
prostor space, room
prostorija room, premises
prosuđivati/prosuditi to form a judgment
prošao past, bygone
prošetati to walk; **prošetati se** to go for a walk
prošlost *(f)* past
protestirati protest
protiv *(gen)* against
protuvrijednost *(f)* equivalence
prouzročivati/prouzročiti to cause

provizoran provisional
provjeravati/provjeriti to check, examine
provjetrivati/provjetriti to air, ventilate
provoditi/provesti to spend *(time)*
prsten ring
pruga railway line
pružati/pružiti to hand to, offer, pass
prva/prvi/prvo first; **prva pomoć** *(f)* first aid
prvo in the first place
prvorazredan first class
pržiti to roast, grill, fry
psovati/opsovati to scold
ptica bird
publika audience
pucati to shoot
puknuti to burst
pun full
puniti to fill
punomoć *(f)* authorization
pušiti to smoke
put way; trip; **obilazni put** detour, roundabout way
put(a) time; **svaki put** every time
putnik passenger, traveler *(m)*; **putnica** traveler *(f)*
putovanje trip, journey; **na putovanju** traveling
putovati to travel; **putovati (u)** *(acc)* to travel (to)
putovnica passport

R

rabat discount
račun account, bill
računati to calculate, do a sum
rad work, job
radi *(gen)* because of, on account of
radije rather, sooner
radio radio
radio-aparat radio
raditi to work, function, do
radnim danom on working days
rado gladly, willingly
radost *(f)* joy
radostan (zbog gen) glad (about)
radovati se *(dat)* to be glad about; to look forward to
radoznao curious
rani early
raskoš *(f)* luxury

A/Z

raskošan luxurious
raspakirati to unpack
raspitivati/raspitati se to make inquiries, ask about
rasprava debate, discussion, trial, hearing
rasprodaja clearance sale
rastavljati/rastaviti to separate
rasti/porasti to grow
rasvijetljen illuminated, lit
rat war
ravan flat, level, straight
ravnatelj director, principal
ravnica plain
ravno straight ahead
razarati to destroy
razašiljati/razaslati to send out
razbijati/razbiti to smash, break in pieces
razboljeti se to get sick, become ill
razgledati/razgledati to look at, view
razgovarati to talk, converse
razgovor conversation, talk
razjasniti to explain
različit different, various
razlika difference
razlikovati to distinguish, differentiate; **razlikovati se od** (gen) to vary, differ from
razlog reason
razmak distance, interval
razmijeniti to exchange
razmjena exchange
razmjenjivati/razmijeniti to exchange
raznolik diverse
razočaran disappointed
razoriti to destroy
razred grade (school); classroom
razum reason, intellect, sense
razuman sensible, reasonable
razumijevati/razumjeti to understand
razvijati/razviti to develop
razvoj development
rđav bad, miserable
rđavo badly
rečenica sentence, clause
reći to say, tell
red order, row, series, order (rel)
redovan regular, ordinary
redovno regularly, ordinarily
reklama advertisement
reklamacija complaint
relacija route, run
remen strap, thong
rešetka grate, grating, net
restl (colloq) remainder, rest
restoran restaurant

revija revue, musical show
rezati to cut
rezervirati to reserve
rezultat result
riba fish
ribariti to fish, go fishing
riječ (f) word, expression, term
rijedak rare, scarce
rijeka river
rijetko rarely, seldom
rizik risk
roba goods, merchandise
robna kuća department store
roditelji (m pl) parents
rodom iz (gen) born in, a native of
rođen born
rođendan birthday
rođenje birth
rok term, time limit
rub edge
rublje washing, laundry; **donje rublje** underwear
ručno izrađen handmade
ruka hand
rukopis manuscript, handwriting
runda round
rupa hole
ružan ugly

S

s(a) (ins) with
sačuvati to preserve, keep
sada now, at present
sadra plaster
sadržaj contents
sadržati to contain
sagraditi to build
sajam trade fair
samilost (f) pity
samo only, merely, just
samoposluživanje self-service
sam/a/o alone, oneself
san sleep, dream
sanduk chest, trunk
sanjati to dream
sastanak appointment, meeting
sastojati se iz (gen) to consist of
sasvim (adv) entirely; quite
sat clock; hour (time); **nastavni sat** lesson, class; **pol(a) sata** half an hour; **svaka dva sata** every two hours; **četvrt sata** a quarter hour
sav whole, entire, all (the)
savijati/saviti to bend, fold

A/Z

sȁvjestan conscientious
savjet advice (piece of); **pȋtati za savjet** to ask for advice; **sȁvjetovati** to advise, give advice
sȁvršen perfect
sažet short, condensed
sȅdmica week
seks sex
sekȕnda second
sȅliti/presȅliti se to move; to change one's residence
selo village
seljak farmer, peasant
servȋrati to serve
sestra sister
sȅstrična cousin
sȅzati to reach, stretch out
sezȍna season; **van sezȍne** off season
sići to descend
signal signal
sȉguran sure, safe, certain
sȉgurno surely, safely, certainly
sȉgurnost (f) safety, certainty
sȉjati to shine, glitter
silan powerful, mighty
sȉlaziti to descend
sȉliti to force, compel
sȉlovati to rape
simpȁtičan likable, nice
sin son
siromašan poor
sit full; satiated
sitniš small change
sjȅćati se to remember
sjeći to cut
sjȅdalo seat
sjȅditi to sit
sjena shade, shadow
sjȅsti to sit down, take a seat
sjever north
sjȅverni northern
sjȅverno od (gen) north of
skȁkati to jump, hop
skȍčiti to jump, hop
skoro soon, almost, nearly
skrȅtati/skrȅnuti to turn; **skrȅtati/skrȅnuti desno/lijȇvo** to turn right/left
skrȋvati/skriti to hide, conceal
skroz through
skulptȗra sculpture, statue
skup expensive
skȕpljati/skȕpiti to collect, gather
skupȍcjen valuable, costly
slab weak
slabost (f) weakness

sladak sweet
slȁdoled ice cream
slȁgati se to agree with; to be correct (check)
slati to send; **slati po** to send for
slavan famous
slȁvina water faucet
sleđ herring
sličan similar
slȉčiti to resemble
slijȅdeći the next, the following
slijȅditi to follow
slijep blind
slika picture, painting, photo
slȉkati to paint
slȍbodan free
slȍmiti to break
Slovȅnac (m) Slovene
Slovȅnija Slovenia
Slȍvenka (f) Slovene
slȍžiti se to come to an agreement
slȕčaj chance, accident, case; **slȕčajan** accidental; **u svakom slȕčaju** in any case
slȕšati to obey, listen to; **slȕšati koga** to obey s.o.
slutnja presentiment, premonition
služba service, employment
služben official
slȕžiti to serve
smȁtrati to consider, look upon
smeće garbage
smeđ brown
smetati to disturb, be in the way
smetnja disturbance; interference
smijati se to laugh
smijȅšan ridiculous, funny
smjer direction, trend
smjȅštaj accommodation
smjeti to be allowed, may
smrdjeti to stink
smršaviti to lose weight
smrt (f) death
snabdjȅvati/snȁbdjeti s(a) to supply with
snaga strength, power
snažan strong, powerful
snijȅžiti to snow
snimak photograph
snȋmati/snȋmiti to take a photograph
snižȁvati/snȉziti to lower, reduce (prices)
spȁjati/spȍjiti to connect
spakȋrati to pack
spȁliti to burn down
spasȁvati/spȁsiti to rescue, save

A/Z

spavati to sleep; **ići spavati** to go to bed
specijalan special, particular
spor slow
sporazum agreement, understanding
sporazumijevati/sporazumjeti se to come to an agreement
sposoban able, capable
spreman ready, prepared
sprijeda ahead, in front
Srbija Serbia
Srbin *(m)* Serb
srce heart
srdačan cordial, hearty; kind
srdačnost *(f)* cordiality
srdit angry
sreća happiness, good luck
sredina middle
Sredozemno more Mediterranean Sea
sredstvo means, instrument
sređivati/srediti to regulate
sretan happy, lucky
sretati/sresti to meet, encounter
sretno! good luck!
srodan related
Srpkinja *(f)* Serb
stajati to cost, stand; **stajati u repu** to stand in line
staklo pane of glass
stalan steady, stable
stan apartment; **namješten stan** furnished apartment
stanovati to live, reside
stanovnik inhabitant, resident
stanje condition, state
star old
starinski ancient, old-fashioned
starost *(f)* age
startovati to start
stati to stop, halt
stavljati/staviti to lay, put, place
staza path, track
stepenice *(f pl)* stairs
stići to arrive, come
stidljiv shy
stijena rock, cliff
sto one hundred
stoga therefore
stoj! stop!
stol table; **za stolom** at table
stolica chair
stoput one hundred times
stornirati to cancel *(order, reservation)*

stotina one hundred
stradati to suffer, meet with an accident
straga at the back, in the rear
strah fear
stran foreign, strange
strana side, page; **s one strane** on the other side
stranac *(m)* foreigner, stranger
stranica page
strankinja *(f)* stranger
strašan terrible, horrible
stric uncle
strina aunt
strm steep
strog strict, severe
stroj machine, engine
strop ceiling
strpljenje patience
strpljiv patient
struja current
strujanje flow
studirati to study
stupanj degree, grade
stupati/stupiti to step, tread
stvar *(f)* thing, matter
stvaran real
stvarati/stvoriti to create
stvarnost *(f)* reality
sućut *(f)* condolence, sympathy
sud court of law, judgment *(law)*
sudar collision
suditi/osuditi to pass judgment, estimate
suglasnost *(f)* agreement
suh dry
sukno cloth
sumnja suspicion, doubt; **bez sumnje** without doubt
sumnjati u što to doubt s.th.
sumnjiv doubtful
sunce sun; **pri zalasku sunca** at sunset; **pri izlasku sunca** at sunrise; **sunčan** sunny
suprotan opposite
suprotnost *(f)* opposite
suprug husband
supruga wife
suputničko društvo tourist outfit
susjed/a *(m/f)* neighbor
sušiti dry
suvenir souvenir
suvišan superfluous
suvremen modern, contemporary
svađa quarrel
svađati se to quarrel

svakako at any rate, by all means
svaki every, each; **svaki put** every time
svatovi *(m pl)* wedding
svečan solemn, festive
svečanost *(f)* feast, celebration
svećenik priest, clergyman
svet holy, saint, sacred
svezak *(m)* volume
svežanj bundle
svi, sve, sva *(pl)* all, everybody
svidati/svidjeti se to please
svijeća candle
svijet world
svijetao bright, light
svijetleći shining
svjedočenje evidence, testimony
svjedodžba certificate
svjedok witness
svjestan conscious, aware
svjetiljka lamp
svjetina mob, rabble
svjetionik lighthouse
svjetlo light; **upaliti/ugasiti svjetlo** to turn the light on/off
svjež fresh
svota amount, total
svrbjeti to itch
svrha purpose
svršiti (se) to end, conclude
svući to undress; **svući se** to get undressed
svuda everywhere

Š

šala joke, fun
šalter counter, window
šaren multicolored
šef boss
šetati to walk, stroll
šetnja walk, stroll
šibica match; **kutija šibica** matchbox
šiljak point, tip
šiljat pointed
širok broad, wide
škare *(f pl)* pair of scissors
škljocati/škljocnuti to take a snapshot (of)
škoditi/naškoditi to damage, harm
škola school; **(školski) praznici** *(m pl)* vacation
škorpija scorpion

šminkati to put on makeup
šofer chauffeur
špaga *(colloq)* string
špenadl *(colloq)* pin
špirit ethyl alcohol
šport sport(s)
štedjeti to save, economize
šteka pole
šteta damage, harm; **štetan** harmful; **šteta je** it's a pity; **kakva šteta!** what a pity!; **naknada štete** payment of damages
štititi to protect
što what; **što prije** as soon as possible
štof *(colloq)* fabric; material
šum noise
šurjak brother-in-law
šurjakinja sister-in-law
šutjeti to be silent
šutnja silence
Švicarac/-rka *(m/f)* Swiss
Švicarska Switzerland

T

ta still, well, why
tablica table; bookplate
tada then, at that time
tajan secret
tajiti to conceal, keep secret
takav such
tako so, thus
također also, too
takse *(f pl)* fees, rates
taksi taxi
Talijan/Talijanka *(m/f)* Italian
talijanski Italian
taman dark
tamo there; **tamo gore/dolje** up/down there
tanak thin, slim
tanjur plate
tečaj course *(instruction, exchange)*
teći flow
tek appetite
tek only, not until
tekući flowing, current
telefonirati call, telephone
teren terrain
teret cargo, freight
termin fixed date, time limit
teškoća difficulty

A/Z

tetak uncle
tetka aunt
težak heavy, difficult
težina weight
težiti to weigh
ti you *(fam)*; **tebe** you; **tebi** to you
tih quiet, still; **tiho govoriti** to speak softly
tijelo body
tik next to; **tik uz** close by
tipičan typical
tišina quiet, silence
tjedan week; **za jedan tjedan** in a week
tjedni *(adj)* weekly
tjedno *(adv)* weekly
tkanina fabric, cloth
tlo ground, soil
tmuran gloomy, overcast
to it, this, that
toalet toilet
toaletni papir toilet paper
točan exact, accurate; punctual
točka point; dot
točnost *(f)* exactness
ton tone, sound
topao warm
toplice *(f pl)* spa, resort
toplina warmth
torbica handbag, purse
tovariti to load
trag trace
trajan durable
trajanje duration
trajati to last, continue
traka ribbon
travnjak lawn, grass
tražiti to search, seek, look for; **tražiti savjet** to consult
trčati to run, race
trebati to need, require
treća/i/e third
treće in the third place
trećina one third
trenutak moment
trezven sober, abstinent
trgovina store, shop, trade
trošak expense(s), cost(s)
trošiti to spend, use, consume
troškovi *(m pl)* expenses
trska reed (grass)
trud effort, trouble
truditi se to endeavor, make an effort
trudna pregnant
truo decayed, rotten
tu here

tuba tube
tući to strike, hit
tuđ foreign, strange
tunel tunnel
tura tour
turist/kinja *(m/f)* tourist
tuzemstvo home, homeland *(opposite of abroad)*
tužan sad
tvoj your, yours
tvornica factory
tvrd hard
tvrditi to assert, claim
tvrdoća hardness
tvrtka firm

U

u *(acc/loc)* in, at, into, by **u Hrvatsku** to Croatia; **u Zagreb** to Zagreb; **u nedjelju** on Sunday; **u obratnom pravcu** in the opposite direction; **u ponoć** at midnight; **u prilog** in favor of; **u roku od** *(gen)* within
ubaciti to mail, put in the mail
ubosti to sting; bite
ubrati to pick
ubrzavati/ubrzati to accelerate
učestvovati (u) *(prepos)* to participate (in)
ući/ulatiti to come in, enter; **naknadno ući** to get on, board; **ući u zemlju** to enter a country
učiniti to do; make
učiti to learn, study
udaja marriage *(of a woman)*
udaljen far, remote
udaljenost *(f)* distance
udarac blow; kick
udarati/udariti to hit, strike
udata *(f)* married
udati se to marry *(in reference to a woman)*
udoban comfortable
udobnost *(f)* comfort
ugalj coal
ugao *(m)* corner
ugasiti to turn off *(engine);* to extinguish; **ugasiti se** to go off, go out *(light)*
uglavnom mainly
ugodan agreeable, pleasant
ugovarati/ugovoriti to make an agreement

ugovor treaty, agreement
ugristi to bite
uhvatiti to capture, seize
ujak uncle
ujna aunt
ukazivati/ukazati to show, point out
uključiti to include
ukrasti to steal
ukrcati se to go aboard
ukus taste
ulaz admission; **ulaz (kolni)** entrance *(by car)*; **ulaz (pješački)** entrance *(on foot)*; **zabranjen ulaz** no entry
ulaziti to enter
ulaznica ticket (of admission)
ulaznina price of admission
ulica street; **na ulici** on the street
ulje oil; **ulje za loženje** fuel oil
uljudan polite, courteous
uljudnost *(f)* courtesy, politeness
umirati/umrijeti to die
umiriti se to calm down
umjeren moderate
umjesto instead (of)
umjeti to be able (can); to know how to
umoran tired
unaprijed in advance
uništen ruined, destroyed
unuk/a grandson/daughter
unutarnja guma hose
unutra inside, indoors
unutrašnjost *(f)* the interior
uobičajen usual, customary
uostalom after all
upakirati to pack (up)
upaliti to turn on *(light)*
upaljač cigarette lighter
upecati to fish, go fishing
uplašiti to scare; **uplašiti se** to get scared
upotreba use, usage
upotrebljavati/upotrijebiti to use, make use of
upoznati koga s(a) *(ins)* to make s.o. acquainted with
upoznavati/upoznati to get acquainted with
upozoravati/upozoriti (na *acc)* to warn (about)
uprava administration, management
upravljati to manage, direct
upravo just, exactly
uračunat included
uraditi to do, make
ured office
uredan orderly

uređaj arrangement, facility
ushićen delighted
uskoro soon, shortly
usluga favor, service
uspjeh success
uspomena souvenir; memory
usporedba comparison
uspoređivati/usporediti to compare
usprkos *(gen/dat)* despite; **usprkos tome** nevertheless, for all that
usput on the way
ustajati/ustati to rise, get up
ustav constitution
ustezati se to abstain from
usuđivati/usuditi se to dare
ušće mouth of river
uštedjeti to save
utjecati to flow into *(river)*
utvrđivati/utvrditi to establish (a fact)
uvijek always
uvis upward
uvjeravati/uvjeriti to convince, persuade
uvjet condition, stipulation
uvoz import
uvreda insult
uvrijediti to insult
uzak narrow
uzalud in vain
uzbrdo uphill
uzbuđen excited
uzburkan stormy, rough
uzduž along
uzeti gorivo to fill up, gas up, refuel
uzica string
uzimati/uzeti to take; **uzeti sa sobom** to take with
uznemiriti se to become alarmed, get upset
uzor model, ideal
uzorak pattern; sample
uzrok cause
uže rope
užitak pleasure, enjoyment
uživati to enjoy

V

vaga scale, balance
vagati to weigh
valjan valid
valjanost *(f)* validity
vama (to) you
vani outside, outdoors

A/Z

vanjski outside, exterior
varalica *(m)* swindler, cheat
varati to swindle, cheat; **varati se** to be mistaken
vas you; **vaš** your, yours
vat watt, W
vatra fire
vatrogasci *(m pl)* fire department
vatrogasna sprava fire extinguisher
vatromet fireworks
važan significant, important
važeći valid
važnost *(f)* significance, importance
veče *(n)* evening
večeras this evening
već already
vedar cheerful, clear *(skies)*
veličanstven magnificent
veličina greatness, size *(also clothing, shoes)*
velik large, big, great
veoma very; very much
veselje joy
veseo cheerful, gay
veslati to row, paddle
veza connection *(train, phone)*
vezati/zavezati to connect
vezice za cipele shoelace
vezivati/vezati to bind, tie
vi you
vic joke
vidik view
vidjeti to see; **opet vidjeti** to see again
vidljiv visible
vijest *(f)* news
vikati/viknuti to shout, yell
vila villa
vinograd vineyard
visina height, altitude
visok high, tall
više more, higher; **više nego** more than
više-manje more or less
vitak slender, slim
vjenčani prsten wedding ring
vjera faith, belief, religion
vjeran true, faithful
vjerojatan probable, likely
vjerojatnost *(f)* probability, likelihood
vjerovati to believe
vješalica clothes hanger
vješati to hang up
vješt skilled
vjetrovit windy

vježba exercise, practice, training
vježbati to practice, train
vlada government, administration
vlasnik owner, proprietor
vlasništvo property, ownership
vlast *(f)* authorities; power
vlastit one's own
vlažan damp
vod line *(electric, phone, gas, water)*
voda water
vodič guide; guidebook
voditelj *(m)* director, manager
voditeljica *(f)* director, manager
voditi to direct, manage, lead
volt volt
volja mood, will; **po volji** at will
voljeti to love, like, be fond of; **voljeti koga** to be fond of s.o.; **više voljeti** to prefer, like better
vozač driver
voziti to drive; **voziti se** to ride *(public transportation)*; **voziti se natrag** to drive back
vožnja drive, ride
vraćati/vratiti to give back, return; **vraćati/vratiti novac** to pay back; **vraćati/vratiti se** to return, come back
vrata *(n pl)* door, gate; **kućna vrata** front door
vreća sack
vrećica bag *(small)*
vreti boil
vrh peak, summit, top
vrhunac culmination
vrijedan worth, worthy; diligent, industrious; **jednako vrijedan** of equal value
vrijediti to be worth; **mnogo vrijediti** to be worth a lot
vrijedne stvari valuables
vrijednost *(f)* value
vrijeđati to insult
vrijeme weather, time, tense; **za vrijeme** *(gen prp)* during; **neko vrijeme** for some time; **radno vrijeme** business hours; **po ovom vremenu** in this weather; **s vremena na vrijeme** from time to time
vrlo very
vrpca tape, ribbon
vrsta sort, kind
vrt garden
vrtoglav dizzy
vruć hot
vući to pull, drag

A/Z

Z

za *(prp acc)* for; *(ins)* after, behind;
  za stolom at table
zabačen remote
zabava entertainment, amusement
zabavan entertaining, amusing
zabavljati/zabaviti se to have fun,
  have a good time, amuse oneself
zabilježiti to note, jot down
zabluda error, misconception
zaboravljati/zaboraviti to forget
zabrana prohibition, ban
zabranjeno! prohibited! keep out!
zabranjivati/zabraniti to prohibit,
  forbid
zabrinut concerned, worried
začepljen stopped up
zadovoljan content(ed), satisfied;
  happy, pleased
zadovoljstvo pleasure, satisfaction
zadržavanje stop *(train)*
zadržavati/zadržati to keep, retain;
  koga to delay s.o., to hold s.o. up
zagrliti to embrace
zahod toilet
zahtijevati to demand, require
zahtjev demand, requirement
zahvalan thankful, grateful
zahvaljivati/zahvaliti to thank
zaista really
zajednički common, joint
zajedno jointly; together
zakasniti to be late; **zakasniti na** to
  be late for, miss *(train)*
zaključavati/zaključati to lock up
zakuska snack
zaliha supply, stock
zalog pawn, pledge
zalutati to lose one's way
zaljev bay
zamjena exchange
zamjenjivati/zamijeniti to exchange,
  mistake for
zamotavati/zamotati to wrap up
zanemarivati/zanemariti to neglect
zanimanje occupation, profession,
  interest
zanimati se (za *acc***)** to be interested
  (in)
zanimljiv interesting
zao bad, wicked
zaostajati/zaostati to lag behind
zapad west
zapadni western
zapaliti to ignite, light; **lako zapaljiv**
  inflammable
zapamtiti to remember
zapis note, entry
zapjovati to cing
zapor catch, bolt
zaposlen employed, busy
zapravo as a matter of fact, actually
zaprijeciti hinder
zaračunati se to miscalculate
zarada *(m)* earnings
zarađivati/zaraditi to earn
zar ne? *(question particle)* isn't it?,
  don't you? etc.
zaručiti se to get engaged
zaručnik/-nica fiance/fiancee
zasad(a) temporarily
zasluga *(n)* merit
zaslužiti to earn
zaspati to go to sleep, fall asleep
zaštita protection
zaštititi to protect
zašutjeti to be silent
zatajiti to conceal, hush up
zatezati to delay
zatim then, after that
zato therefore
zatvarač lock, fastener, stopper
zatvarati/zatvoriti to shut, close
zatvoren closed, shut
zaustaviti se to stop, come to a
  standstill
zaustavljati/zaustaviti to stop, put a
  stop to
zauzet *(seat)* occupied
zauzeti mjesto to occupy a seat
zavičaj native country, homeland
zavjesa curtain
zavoj curve, bandage; **zavojni**
  materijal bandaging material
završavati/završiti to finish,
  complete
zaželjeti to wish
zbirka collection
zbog *(gen)* because of, owing to;
  zbog mene because of me; **zbog**
  toga razloga for this reason
zbor choir
zbrajati/zbrojiti to add up, sum up
zbroj sum
zdenac well
zdrav healthy
zdravlje health
zdravo! hello! hi!
zemlja earth, land, country
zemljak countryman
zemljište piece of land

zęmljovid map
zepsti to freeze
zgodan handsome, nice
zgrada building
zid wall
zijevati to yawn
zločest wicked
zlorąbiti to misuse, abuse
zloupotreba misuse, abuse
zmija snake
znąčajan significant, notable
znąčenje meaning, significance
znąčiti to mean, signify
znak sign, symbol
znamenit famous
znanje knowledge
znatan considerable
znati to know
znojiti se to sweat
zrąčnica hose, tube
zrak air
zraka ray
zreo ripe
zub tooth
zvati to call; **zvati se** to be called, be named
zvijęzda star
zvįždaljka pipe
zvonce small bell
zvoniti to ring, toll
zvučnik loudspeaker
zvuk sound

Ž

žalba complaint
žąliti to regret; **žąliti se** (na *acc*) to complain (about)
žąlostan sad, sorrowful
žąljenje regret
žar glow, glowing heat
žąrulja electric light bulb
žeđ (*f*) thirst
želja wish, desire
žęljeti to want, wish
žęljezo iron
žena wife, woman
žęnidba marriage (*of a man*)
ženski feminine, female
žęravica live coal, ember
žetva harvest
žica wire
žig stamp, hallmark
živ alive, living
žįvahan lively
živjeti to live
život life
životinja animal
žmįgati to signal, blink
žohar cockroach
žuriti to hurry, urge on; **žuriti se** to be in a hurry
žvąkaća guma chewing gum

Notes